Friedrich Peter Wundt

Beiträge zu der Geschichte der Heidelberger Universität

Friedrich Peter Wundt

Beiträge zu der Geschichte der Heidelberger Universität

ISBN/EAN: 9783743622739

Hergestellt in Europa, USA, Kanada, Australien, Japan

Cover: Foto ©ninafisch / pixelio.de

Weitere Bücher finden Sie auf **www.hansebooks.com**

Beiträge zu der Geschichte der Heidelberger Universität,

Besonders **genaue Nachricht** von der Reformation dieser hohen Schule unter dem Kurfürst Otto Heinrich im Jahr 1558. aus einer seltnen Handschrift.

Verfertiget bei dem Angedenken an das vierte Jubelfest dieser Universität von **Friedrich Peter Wund,** Prediger und Inspektor zu Lgutern.

Nebst vier Beilagen.

Mit einem Kupfer die Stadt Heidelberg, welche neu aufgenommen, gezeichnet und gestochen von Jakob Ringer.

Mannheim, bei Heinrich Valentin Bender 1786.

Inhalt.
Erster Theil.

Kritische Nachrichten von den Büchern und Handschriften, worinnen die Geschichte der Heidelberger Universität bearbeitet ist.

1. Kap. Von den Schriften, welche überhaupt von der Stiftung der Universität, ihrer ersten Einrichtung und merkwürdigsten Schicksalen, bis auf gewisse von den Autoren festgesetzte Epochen handeln.

§. 1. Von den Schriftstellern vor dem 18ten Jahrhundert.

§. 2. Von den Schriftstellern aus dem 18ten Jahrhundert.

2. Kap. Von den Schriften, welche verschiedene merkwürdige Epochen und Begebenheiten der Heidelberger Universität insbesondere erläutern.

§. 1. Von den Privilegien und besondern Vorrechten der Universität,

§. 2. Von denen mit derselben vorgenommenen Reformationen.

§. 3. Von besondren feyerlichen Begebenheiten, welche die Universität erlebet.

§. 4. Von der Geschichte der verschiedenen Facultäten.

§. 5. Von den Verzeichnißen der Rectorum magnificentissimorum, magnificorum & Professorum.

§. 6. Von der ehemaligen berühmten Bibliothek.

§. 7. Von dem Leben und den Schriften der fürnehmsten Schriftsteller.

Zwei-

Zweiter Theil.

Von einigen Kurfürsten von der Pfalz, die sich um die Universität Heidelberg, besonders in Rücksicht auf ihre bessere innere Einrichtung vorzüglich verdient gemacht haben.

Kap. 1. Von den Kurfürsten vor dem 16ten Jahrhundert.

§. 1. Von dem Stifter der Universität Ruprecht I. 1386.

§. 2. Von dem Kurfürsten Friedrich I. 1452.

Kap. 2. Ganz von einem Kurfürst aus dem 16ten Jahrhundert, nemlich Otto Heinrich 1558.

Kap. 3. Von dem Kurfürsten nach dem 16ten Jahrhundert.

§. 1. Von dem Kurfürsten Karl Ludwig 1652.

§. 2. Von dem Kurfürsten Johann Wilhelm.

§. 3. Von seiner jeztregierenden kurfürstlichen Durchlaucht Karl Theodor, als unter dessen glücklichen Regierung die Universität ihr viertes Jubelfest feyert 1786.

§. 2. Von den Schriftstellern aus dem 18ten Jahrhundert.

2. Kap. Von den Schriften, welche verschiedene merkwürdige Epochen und Begebenheiten der Heidelberger Universität insbesondere erläutern.

§. 1. Von den Privilegien und besondern Vorrechten der Universität,

§. 2. Von denen mit derselben vorgenommenen Reformationen.

§. 3. Von besondren feyerlichen Begebenheiten, welche die Universität erlebet.

§. 4. Von der Geschichte der verschiedenen Facultäten.

§. 5. Von den Verzeichnißen der Rectorum magnificentissimorum, magnificorum & Professorum.

§. 6. Von der ehemaligen berühmten Bibliothek.

§. 7. Von dem Leben und den Schriften der fürnehmsten Schriftsteller.

Zweiter Theil.

Von einigen Kurfürsten von der Pfalz, die sich um die Universität Heidelberg, besonders in Rücksicht auf ihre bessere innere Einrichtung vorzüglich verdient gemacht haben.

Kap. 1. Von den Kurfürsten vor dem 16ten Jahrhundert.

§. 1. Von dem Stifter der Universität Ruprecht I. 1386.

§. 2. Von dem Kurfürsten Friedrich I. 1452.

Kap. 2. Ganz von einem Kurfürst aus dem 16ten Jahrhundert, nemlich Otto Heinrich 1558.

Kap. 3. Von dem Kurfürsten nach dem 16ten Jahrhundert.

§. 1. Von dem Kurfürsten Karl Ludwig 1652.

§. 2. Von dem Kurfürsten Johann Wilhelm.

§. 3. Von seiner jeztregierenden kurfürstlichen Durchlaucht Karl Theodor, als unter dessen glücklichen Regierung die Universität ihr viertes Jubelfest feyert 1786.

Beilagen.

1. Eid des neu erwählten Rectors —
2. Statuta & Leges universitatis —
3. Eid der theologischen Professoren —
4. Statuta der Dionysianer Bürße — Samtlich von 1558.

Vorbericht.

Bey dem Angedenken an das vierte Jubelfest der Heidelberger Universität, welches sie mit Recht in diesem Jahre feyert, kam ich auf den Gedanken, der Geschichte dieser hohen Schule die Stunden, in welchen mir mein Amt Muse dazu gönnte, zu wiedmen, und alles das zu lesen, was ich nur zusammen bringen konnte, um ihre merkwürdigste Schiksalen auf das genaueste kennen zu lernen: und wie natürlich war es, bei diesem Geschäfte die grose und gute Fürsten zu bewundern, welche von der ersten Zeit der Stiftung an, vier Jahrhunderte hindurch, so viele Mühe angewendet, diesen schönen Musensiz, den der weise Stifter in der anmuthigsten Gegend unsres Vaterlandes anpflanzte, täglich

lig berühmter zu machen, durch ihn, auf
eine sehr wolthätige Art, die Wissenschaf=
ten unter ihren Unterthanen auszubreiten,
und auch hierin ihre Glückseligkeit zu ver=
mehren und zu beveſtigen? Eine kleine
Nachricht davon, beſonders von jenen Für=
ſten, welche ſich vorzüglich um ihre innere
beſſere Einrichtung verdient gemacht, dachte
ich, möchte manchem Liebhaber der va=
terländiſchen Geſchichte in dieſer Zeit
nicht unangenehm ſeyn — und ſo entſtunde
dieſes kleine Werk, das ich hier dem Pu=
blikum mittheile.

Ich glaube nicht, daß man es als etwas
unnützes anſehen kann, weil die Hand=
ſchrift von der Reformation unter Otto
Heinrich vom J. 1558, welche ich einem
verehrungswürdigen Gönner zu verdanken
habe, mich in den Stand ſezte, manches
in einem neuen Lichte darzuſtellen, und die
kritiſche Nachrichten, welchen ich wegen
ihrem Umfang den ganzen erſten Theil

wied

wiedmen müste, mir nebstdem Anlaß gegeben, fast alles, was zur Geschichte dieser hohen Schule bis auf unsre Zeit gehöret, zu erzählen, und so viele Schriftsteller, welche in diesem oder jenem nicht aus den besten Quellen geschöpfet, und also ganz natürlich irren musten, zu berichtigen.

Diejenigen Freunde der vaterländischen Litteratur, welche mich einige Zeit her so oft aufgefordert, das zweite Heft meiner topographischen Bibliothek herauszugeben, werden sich zwar verwundern, daß ich hier mit einer ganz andern Arbeit erscheine; indessen hoffe ich, Sie werden mir diese Verzögerung, wenn sie meine gerechte Entschuldigung hören, verzeihen. Ich wollte nicht damit eilen, weil ich glaube aus Achtung für das Publikum, nach den Erinnerungen etlicher gegen mich sehr billigen Rezensenten verbunden zu seyn, so lange damit zu warten, bis ich etwas vollständiges liefern könnte — und das kann nicht eher geschehen

hen, bis ich etliche wichtige Werke, die mir itzt noch fehlen, erhalten, und darunter rechne ich vorzüglich des würdigen Weihbischofs zu Worms Subſidia diplomatica, beſonders die Diœceſin moguntinam und Wormatienſem. Bin ich ſo glücklich, wie ich hoffe und wünſche, dieſe aus irgend einer öffentlichen Bibliothek bald zu meinem Gebrauch zu erlangen, denn werde ich gewiß auch die Wünſche meiner Gönner und Freunden, welche in dieſem Fall für mich Befehle ſind, bald zu befriedigen trachten. Nun wünſche ich nur, daß Ihnen dieſe Beiträge nicht auch ganz mißfällig ſeyn mögten.

Lautern,
den 28ſten September
1786.

der Verfaſſer.

Erſtes

Erster Theil.

Kritische Nachrichten von den Büchern und Handschriften worinnen die Geschichte der Universität bearbeitet ist, in chronologischer Ordnung.

Erstes Kapitel.

Von den Schriften, welche überhaupt von der Stiftung der Universität, ihrer ersten Einrichtung und merkwürdigen Schicksalen handeln, bis auf gewisse von den Autoren festgesetzte Epochen.

§. 1.

Von den Schriftstellern vor dem 18ten Jahrhundert.

a.

SOHNII (GEORG) *Oratio de fundatione & Conservatione Acad. Heidelbergensis. Hanoviæ* 1607. 4. in Heinrich van BYLERS *Fasc. I. librorum rariorum. Groening.* 1733. 8. Seite 257-299. Deutsch, durch B. P. (*Bartholomæus Pitiscus*) Heid. 1615. 8. 1656. 4.

Der Verf. hielte diese Rede, wie auf dem Titel der deutschen Uebersetzung stehet

stehet den 30. Nov. 1587, als wo die Universität ihr zweites (nach der jüdischen Rechnung des Sohns ihr viertes) Jubeljahr feyerte.

Ich habe daher kurz vor dem Tod des Herrn D. Büttinghausen denselben gefragt: ob man nicht aus den academischen Acten bestimmen könnte, warum die Universität damals das Jahr 1587 zum Jubeljahr erwählte — und ob in eben diesen Acten nichts von dem ersten Jubeljahr, das nach der richtigen Rechnung 1486 müste gehalten worden seyn, stünde? Nach Tollners Cod. dipl. Seit. 130 waren damals Peter Wacker J. D. und Martin Renz M. D. Rectores, denn zu der Zeit dauerte das Rectorat nur ein halb, so wie bei der Stiftung nur ein Vierteljahr.

Von dem ersten handelt Wund in Pr. II. de Orig. & prog. Fac. Jurid. Seit. 8. und von dem zweiten Schoenmezel in Collectaneis ad historiam facult. med. doch ohne etwas davon zu erwähnen; es scheinet also daß der erste Band der Universitäts acten der, leider! verlohren gegangen, davon handelt.

Die Rede selbst spricht von der Stiftung der Universität und ihren Schicksalen bis auf den Kurf. Otto Heinrich — ziemlich um-

ständ-

ständlich und ohne Schmink der Sprache, so daß man würklich dem Verf. glauben muß, wenn er behauptet, daß sie wörtlich aus den Acten gezogen seye, daher ihn auch die meisten, selbst ein Hottinger, gleich einer Quelle benutzet haben.

Büttinghausen führt in dem Progr. de Friderico IV. palat. pag. 5. not. q. die Autoren an, welche das Leben Sohns beschrieben haben. Ich füge dazu STEUBNERS Oratio sec. de Theologis Marburgensibus ab Anno 1527 ad 1627 in Estors Sammlung auserlesener kleiner Schriften 1 Th. Seit. 635; denn daraus siehet man, daß Sohn blos deswegen Marburg verlassen muste, weil er gegen den Aegid. Hunnius die Grundsätze der Reformirten vertheidigte, welches zwar Adami in dessen Leben auch zu erkennen giebt, aber doch nicht so gerade aussagt.

b.

PAREI (DAVID) *Historia de Academia Heidelbergensi, una cum vitis Professorum.*

Die protestantische Theologen verwahren sie noch bei ihren Acten in der Handschrift. Joan-

Joannis meldet schon in seiner Vorrede, Seite 127. daß L. Chr. Mieg ihm gemeldet, daß sie unvollständig. Indessen scheinet sie doch, besonders aus dem Band der acad. Acten, der verlohren gegangen, einzelne Nachrichten zu enthalten, die schäzbar; daher sie auch TOLLNER in Cod. dipl. benutzet, pag. 125, 127 und 131. Noch mehr aber mein sel. Bruder, der verstorbene Kirchenrath Wund in seinen Programmen, z. B. de Celeb. Bibliotheca Heid. pag. 14. Not. 18. Pro. 1. de Orig. & pro Fac. jur. pag. 14. Not. 17. und in dem Leben des ersten Rectors der Universität, des Mars. ab Inghen, wo er Seit. 12. Not: m. daraus meldet, daß bei der ersten Rectors-Wahl, auf den 17ten Nov. 1386, zwar der erste Lehrer in der Theologie, Reginaldus ab Alva auch gewesen, aber zugleich öffentlich bekannt habe, daß er seine Stimme nicht dazu gegeben, und daß er blos deswegen beigewohnet habe, weil noch zur Zeit zu wenig Professoren in der philosophischen Facultät vorhanden — dann daß diese Facultät, wie die zu Paris, allein das Recht gehabt den Rector zu wählen, und zwar aus ihrer Mitte, lehret Wund aus den Acten

in

in pr. 1. de ord. philoſ. Heid. pag. 12. In Büttingh. Miſcellaneis hiſt. pal. inſervientibus iſt Parei Hiſtoria auch wohl benutzet, z. B. §. 12. not. f. und §. 21. not. y. Bis auf welchen Zeitpunkt ſich dieſelbige ausdehne, habe ich noch nicht angezeigt gefunden, denn in dem Leben des David Pareus, das ſein Sohn Philipp herausgegeben (1633. 12) findet ſich von dieſer Geſchichte gar nichts, und es ſcheinet alſo, daß ſie ihm unbekannt wär.

C.

Hottingeri (Joh. Henr.) *Oratio ſecularis de Collegio ſapientiæ, acceſſerunt Notæ ejusdem de Heidelbergenſis Academiæ Origine, progreſſu, privilegiis &c. Heid. Typis Ægid. Walteri.* 1656. 4. 84 Seiten.

Joannis gedenket in ſeiner Vorrede dieſer merkwürdigen und itzt ſehr ſeltenen Rede zweimal, Seite 127 und 129. Daß Neu in ſeinen Acceſſion. ad Whean Relect. Hiem. B. II. §. 214. aus den Noten eine beſondre Rede gemacht, ſagt ſchon Büttinghauſen

hausen in dem Verzeichniß einiger Schriften die Heidelberger Universität betreffend. Von der Rede selbst in soweit sie das Collegium Sapientiæ betrift, will ich hier nicht handeln, weil ich wohl zu einer andern Zeit eine bequemere Gelegenheit dazu finden werde; also nur etwas von den wichtigen Noten, welche viel stärker als der Text und Seite 26 — 84 stehen.

Hottinger war der erste, der das rechte Stiftungsjahr, nemlich 1386 angab; lange ehe Tollner seinen Cod. dipl. ans Licht stellte, indem dieser erst 1709 erschiene. Er lernte dasselbige kennen, aus einer sehr merkwürdigen Handschrift des R. Marsilius ab Inghen, die er eben deswegen auch diesen Noten ganz einverleibte, S. 30 — 33. Herr Prof. Jung hat sie in dem Tr. Acta Acad. Heid. ad Conciliorum Constant. Basil. Florentini Historiam (Heid. 1772. 4) Seite 21 — 25 wieder abdrucken lassen, weil die Hottingerische Rede äusserst selten, und die Liebhaber der vaterländischen Literatur haben dieses gerne gesehen, indem der alte Marsilius in diesem Bruchstück kürzlich die ganze erste Einrichtung beschreibet; Ich glaube, daß der Versuch des Herrn Pfr.

Pfr. Zwipfs, der die ganze Hott. Rede mit Anmerkungen versehen, in Zürich neu auflegen wird, eben sowohl wird aufgenommen werden, da des Mars. MST. auch noch das geringste was darinn stehet; dann dieser Polyhistor hat alle akademische Akten benuzet, um, nach seiner Gewonheit, ganz gedrängt, doch einen reichen Schaz den Publikum vorzulegen; und daß ich hier nicht zuviel sage, mag folgende biose Anzeige beweisen: Alles anzuführen, ist gegen meinen Endzweck, indem ich sonst ein besondres Buch schreiben müste, und ich ohnehin in dem ersten Th. im zweiten Kapitel meiner Beiträgen von den meisten von diesen Gegenständen noch besonders, und so viel möglich mit kritischer Genauigkeit zu handeln gedenke.

Nach der Urkunde des Mars. handelt Hott. von dem Stifter, und giebt aus Sohns bekannter Rede die Absichten an, die dieser grose Kurfürst dabei gehabt; Ich werde sie in dem 2ten Th. dieser Beiträgen näher betrachten, und aus den Umständen der Zeit wohl noch mehrere entdecken, S. 33. Der Fortgang der Universität, die in dem ersten Jahr schon 524 Mitbürger zählte; die Freyheiten, welche sie von dem Pfalzgrafen erhalten,

halten, die Verdienste welche die sämmtliche Pfalzgrafen von Ruprecht den 1ten bis auf Karl Ludwig, der 1652, nach den traurigsten Kriegen, den Musen von neuem wieder diesen Siz widmete, werden beschrieben S. 33—39. Hernach folgen wichtige Auszüge aus den Bullen und Briefen der Päbsten, von Urban VI. Bonifaz IX. Eugen IV. Gregor XII. Martin V. Sixtus IV. und Leo X. Sie entwickeln nicht allein die Privilegien welche die Universität von Jhnen erhalten, sondern klären gleich glücklich die Geschichte jener Zeit auf. — S. 39—52. Eben so, wie das, was in der Folge gesagt wird, von der Wohlgewogenheit etlicher Kardinälen und Bischöffen gegen diese hohe Schule; von dem Einfluß den Leztere auf das Concilium zu Kostanz und Basel gehabt; von den Erlauchten Personen, welche hier die höchste akademische Würde angenommen, und von den Gelehrten, welche vor, bei und nach der Kirchenverbesserung auf der Universität gelebet S. 52—84.

Ich weiß gar wohl, daß man über die meiste von diesen Gegenständen nun besondere einzelne Abhandlungen hat, wo sie umständlicher entwickelt sind: Aber wer wollte

des-

deswegen das Verdienſt des Groſen Mannes mißkennen, der ſie zuerſt in einem kurzen Abriß darſtellte, und ohne den vielleicht mancher neuere Autor nicht einmal über dieſes oder jenes geſchrieben, wenn H. nicht zuvor ſeine Aufmerkſamkeit ganz rege gemacht hätte? — Das Leben Hottingers hat der große Biograf geſchrieben, dem, in Rückſicht auf den Geiſt der Darſtellung wohl wenige von den älteren Biographen gleichen, ſein Freund und Zeitgenoſſe Heidegger, der auch etliche Jahre zu Heidelberg Lehrer der Hebräiſchen Sprache und der Weltweisheit geweſen. Es iſt in einer beſondern Abhandlung herausgekommen; man findet es aber auch in dem 9ten Band der Hottingeriſchen Kirchengeſchichte; und einen ſchönen und kernhaften Auszug hat daraus verfertiget, Brucker in dem Ehrentempel der Deutſchen Gelehrſamkeit. S. 193 — 198, nebſt deſſen Kupferſtich, der auch im Parnaſſo Heid. ſtehet. S. FLADS Tentamina S. 32.

d.

FRANCI (GEORG) *D. M. & in Acad. Heid. P. P. ac hunc Temporis Prorectoris, Oratio, de ortu fatisque Universitatis Heidelbergensis.*

Der Verf. hielte diese Rede bei der 3ten Jubel-feyer 1686. Joannis, am angef. O. S. 127 glaubt, daß sie als Handschrift noch verborgen liege, unter den zwei Bänden von Reden und öffentlichen Anschlägen, welche Fr. hinterlassen, nach dem Zeugnis JOH. MULLENII, in Franci progr. funebri, welches H. PIPPING in seinen Memoriis Theologorum aufbehalten. Von welchem Werth also die Rede selbst, kann ich hier nicht entscheiden, aber bei dieser Gelegenheit etwas mehr von dem Leben des Verf. zu reden, der den Pfälzern in der That Ehre macht, wird mir wohl erlaubt seyn; besonders da die merkwürdige Schrift, woraus ich es entlehne, eben nicht allgemein bekannt ist.

Ein Anonymus hat sein Leben beschrieben unter folgendem Titel: *Elogium Viri illustris ac generosissimi, D. Georgi Franci de Franckenau: S. R. J. Equitis aurati*

aurati, *ac Palatii lateranensis Comitis serenissimo ac potentissimo Daniæ Regi a consiliis Justitiæ & Archiatri, Academiæ Leopoldinæ adjuncti, Regiæ Anglorum & Italiæ Recuperatorum societatis Collegæ eminent ssimi &c. a Vindano conscriptum.* In 4. 44 Seiten.

Unter den Namen VINDANUS ist Godofr. THOMÀSIUS zu verstehen, und ein Auszug aus dieser seltnen Schrift findet sich in der neuen Bibliothek Th. 2. S. 95 — 105.

In dem dabey gefügten Inhalt der Schriften finden sich 124 Abhandlungen, daraus, in Rucksicht auf die, welche die Pfalz eigentlich betreffen, theils Müller in der Einleitung in die physicalisch-ökonomische Bücherkunde berichtiget, theils die pf. top. Bibl. 1 Heft. §. 59 vermehret werden kann; Es sind folgende:

Floralia Terræ palatinæ. Heid. 1679. 4.

Viridaria agri Heidelbergensis. ibid. 1680. 4.

Chloris palatina, ibid. 1681. 4.

Antesphoria palatina, ibid. 1683. fol.

Ambarvalia Heidelbergensia ibid. 1687. 4.

Doch muß ich aufrichtig gestehen, daß nach der genauern Anzeige die meisten von diesen Schriften, scheinen nur den Beinahmen pfälzisch erhalten zu haben, weil sie in der Pfalz von dem Verf. aufgesezt worden, und also mehr von den Pflanzen überhaupt handeln, also von denen, die in der Pfalz allein sich vorfinden. Daß er jedoch hierinnen auch um unser Vaterland besondere Verdienste gehabt, lehret Herr Prof. Gattenhof in der Vorrede zu dem allgemein beliebten Werk: *Stirpes Agri & Horti Heid. ib.* 1782. *not. b.*

FRANCK war Leiparzt bey zwei Königen und acht Fürsten, und hatte ausgebreitete Kenntnisse fast in allen Gattungen der Literatur. Davon zeugen seine wichtigen Handschriften, die er hinterlassen, als z. B.

De Vitis Medicorum quavis Ætate illustrium, opus magni Laboris in 3 Volumina digestum.

Animadversiones in XII Cæsarum Historiam, a Suetonio scriptam, quibus ea præcipue, quæ phisici aut medici sunt argumenti, attinguntur.

Epi-

Epistolarum ad Reges, Principes, Magnates, Horumque Responsoriæ spisso satis Volumini illatæ.

IV. Volumina Epistolarum ad Eruditos cujusvis ordinis, in omnibus Europeæ & extra eam, angulis latitantes perscriptarum; una cum Responsoriis. Opus elegantissima rerum Varietate & selectu præ ceteris commendabile V.

Die Schicksale welche Frank in der Pfalz gehabt, werden in der Diss. des Viridans erzählet, Seite 9 — 18. Er wurde Prof. zu Heidelberg 1672 und folgte in der medicinischen Facultät dem Caspar Sausius, kurfürstlichen Leibarzt. Die Inaugural-Oration handelte, *de Fabulis medicis*, wodurch er sich einen so grosen Ruhm erwarb, daß ihm der Kurfürst auflegte, etwas von den Hämorrhoiden zu schreiben; darauf er auch heraus gab: *Dissertationem principalem de Hæmorrhoidalibus* Heid. 1672; 8. deren Bogen, wie sie aus der Presse kamen, der Kurfürst durch einen Eilboten nach Mannheim kommen ließ; der Kurfürst wohnte auch mit dem Kurprinz, dem Pfalzgraf Karl von Zweibrücken, und dem Raugraf Karl Ludwig der Disputation bei, wo auf

seinen

seinen Befehl folgende Opponenten dem Frank gegeben wurden; D. JACOBUS ISRAEL, dessen College; D. WASMUTH, Arzt zu Frankenthal bei dem dasigen Soldaten; JOHANNES de HOUST, Stadtarzt in Heidelberg, ein Franzoß; Ludbert Erben, Leibarzt bei dem Kurfürsten von Mainz und Bischoff zu Speier; PFORZIUS der bekannt durch die Abhandlung: de rhenensis Vini natura & pædarthrocaces Curatione; Fridr. Christ. Winkler; D. Fiesler, und Andreas Steiger. Nach der Disputation muste Frank den andern Tag noch mit Erben und Pforz über den nemlichen Gegenstand reden in dem Kabinet, um dem Kurfürst alles nur mögliche Licht darinnen zu geben; der Freyher Philipp Franz Eberhard von Dahlberg machte ihn darauf zum beständigen Kanzler der Universität an seine statt, und 1686 führte er bei der Feier des Jubileums das Prorectorat, weil der Pfalzgraf Frid. Wilhelm Rector magnificentissimus gewesen. S. Büttingh. prr. de Rect. illust, & magnif. de Anno 1780. Seit. 4. Mit dem Freyherrn von Borg weihete er im Nahmen des Kurfürsten die Concordien-Kirche zu Mannheim ein, und wiche aus der

der Pfalz, in den traurigen Französischen Verwüstungen zu Ende des vorigen Jahrhunderts.

§. 2.

Von den Schriftstellern aus dem 18ten Jahrhundert.

a.

MIEGII (LUD. CHRIST.) *Oratio de* Τυκμηριοις *Providentiæ divinæ circa nascentem universitatem Heidelbergensem.*

Der bekannte Verf. hielte diese Rede den 19ten Jenner 1728, als er das Rectorat auf der hohen Schule antrat, und in dem J. 1771 gab sie sein Sohn, der jetzt noch lebende verehrungswürdige 86jährige Greiß, der Herr Ehegerichts-Director Mieg, unter dem Titel in den Druck:

Academiæ Heidelbergensis Ortus & Progressus, und veranstaltete also eine kleine Sammlung, worinnen folgendes enthalten:
a) Der öffentliche Anschlag, womit, Namens der Universität, zu Anhörung der Rede

Rede eingeladen wurde, unter dem 18ten Jenner 1728. b) Die Rede selbst. Seite 8 — 28. c) Die Geseze der Universität und ein Auszug aus ihren Privilegien. Seite 28 — 38. d) *Elenchus Professorum Heidelbergensium.* Von den beyden leztern Stücken werde ich weiter unten zu reden Gelegenheit haben — auch von dem Jnnhalt der Rede, und ich bemerke deswegen hier nur zum voraus dieses, daß sie den Mann zu erkennen giebt, der eine besondere Stärke in der vaterländischen Geschichte besessen, und daher etliche Bemerkungen uns hier mitgetheilet hat, welche nach dem Urtheil der Kenner, die Universitäts-Geschichte nicht wenig ins Licht sezen, besonders von der Zeit der Stiftung her. Joh. Jacob **Wund**, der Tochtermann L. Chr. Miegs sagt daher in seinen Anmerkungen über Alphons **Turretins** Compendium der Kirchengeschichte N. T. welche ich in der Handschrift besize: *Fata Academiæ Heidelbergensis et Ortum G. Sohnius in peculiari Oratione descripsit, luculentius tamen de Ortu ipsius egit, Venerandus L. Ch. Miegius, cujus Oratio in MStis ad huc latet.*

b.

b.

Lucae (Frid.) Europäischer Helikon. Frankf. am Mayn. 1711. 4. Seit. 361=374. im vierten Theil.

Der Verf. hat meist aus sehr guten Quellen, aus lauter pfälzischen Schriftstellern geschöpft und daher auch gar wenig Fehler; am längsten verweilet er bei der ersten Einrichtung; wo TOLLNER in Cod. dipl. Spanhem in seiner Kirchengeschichte, selbst Pareus in der oben angeführten noch handschriftlichen Geschichte ihm die Beweise an die Hand gaben. Bei der Geschichte selbst ist er kürzer, ob ich gleich gestehen muß, daß die fürnehmste Schicksale der Universität bis auf 1690, nach dem Plan, den er sich überhaupt fürgesezt zu haben scheinet, ziemlich getreu angegeben werden, und er selbst die Artickel aus dem Hallischen Receß und der Religions-Declaration, welche die Universität betreffen, zu dem Ende anführet, das ich eben bei wenig andern ausländischen, und fast bei keinem pfälzischen Geschichtschreiber gefunden habe. Seit. 371 und 372, wo er des Jubiläums von 1686 gedenket, hat er das Progr. der juristischen Fakultät, von dem

dem D. J. Johannes de Spina, der dazumahlen als Prorector 9 Männern die Doctor-Würde zertheilte, ganz eingerückt und am Ende führet er die fürnehmsten Gelehrten und Schriftsteller an, die von 1653 bis 1690 auf dieser hohen Schule mit Ruhm gestanden, nemlich den J. H. Hottinger; Frid. Spanhem; Joh. Freinshem; Gottfried von Jena; J. Frid. Boeckelmann; Paul Hachenberg; Sam. von Pufendorf; Heinr. Günth. von Thulemar; Joh. Wolf. Textor; Georg Franck; Hein. von Coccejus und Joh. von Leuneschlos.

c.

Kaysers (Joh. Pet.) Historischer Schauplaz der Stadt Heidelberg. Frankf. am Mayn. 1733. 8. Kap. XII. von der Universität. Seit. 92‒144.

Ich freue mich allzeit wenn ich bei dem Durchlesen dieses izt seltnen Werks auf einen Gegenstand komme, der blos von der Litteratur handelt, als wo der Verf. nicht in die Versuchung gefallen ist, uns mit

Mordgeschichten und den fürchterlichen Folgen, eines neuerschienenen Komets, zu unterhalten; man sieht es dem lieben Mann gleich an, daß er da eigentlich in seinem Fache ist, und daß es zu bedauern, daß er nicht lauter Gegenstände von der Art erwählet, um sie aus der Geschichte und Litteratur zu erklären; denn die übrigen Begebenheiten eines Staats ins richtige und gehörige Licht zu setzen — dazu hatte er wohl keinen Sinn. Seine Weltkenntniß war, wie es scheinet, auch hierin zu schwach, und sein Büchervorrath nicht auserlesen genug. Das Kapitel von der Heidelberger Universität hat er recht gut bearbeitet, und, wie die Noten beweisen, auch aus guten und reinen Quellen beschrieben. Er fängt von der Stiftung, 1386 an, und endigt mit der feyerlichen Erneurung dieser hohen Schule, vom Jahr 1652 unter dem Karl Ludwig, die er, welches wirklich zu loben, weil es bei keinem andern zu finden, umständlich beschreibet.

Von den Schicksalen der Universität, zu den Zeiten des 30jährigen Kriegs hat er auch nicht allgemein bekannte Anekdoten, so wie er auch die Begebenheiten, welche sich unter den ersten reformirten Kurfürsten auf
dieser

dieser hohen Schule ereignet, in ein gutes Licht stellte, aus den dahin gehörigen Werken der pfälzischen Kirchengeschichte. — Von seinem Leben handelt kürzlich Herr Andreä in dem Pr. Memorabilia quædam Stratæ montanæ pag. 15. §. 10. Er diente zuerst an den lateinischen Schulen zu Heidelberg und Eppingen, wurde darauf Pfarrer zu Häsmersheim und endlich zu Handschuchsheim, wo er 1767 gestorben. Sein guter moralischer Karakter verursachte, daß sein Angedenken noch bei allen denen im Segen ist, die ihn näher gekannt haben, besonders bei seiner Gemeinde. Daß er auch im Sinn gehabt die Geschichte der Stadt Mannheim zu bearbeiten, meldet der verstorbene Herr Regierungsrath Flad in der Probe der pfälzischen Alterthümer. Seit. 9. Not. L.

d.

d.

Gundlings (Nic. H.) Vollständige Historie der Gelahrtheit 2. Band. Franff und Leipz. 1734. 4. Cap. IV. Sect. II. §. VIII. pag. 1837-1847. und in den Noten 1840-1846.

Der bunte Geschmack, worinnen dieses ganze Werk bearbeitet ist, ist bekannt. Was am angeführten Ort von der Heidelberger Universität stehet, ist fast ganz, und zwar auf eine höchst elende Weise aus Frid. Lucä europäischem Helikon entlehnet; nur stehet in diesem mehr und auch alles in einer schicklichern Ordnung. Daß dieses Urtheil nicht ungerecht, beweise ich aus dem was Gundling gleich Anfangs im Text von dieser hohen Schule sagt, und zwar Seite 1840. Er verbindet da auf eine so lächerliche Weise die Schicksale der Stadt und Universität Heidelberg, vom J. 1622 mit der Stiftung der lezteren, daß jeder Leser glauben muß, der kaiserliche General Tilly habe gleich nach den Lebenszeiten des Pfalzgrafs Ruprechts, der doch 1390 starb, diese Stadt und Schule zerstöret. Es ist traurig

rig daß man durch eine solche Compilation nach dem Tode noch, den Namen Gundlings entehret!

e.

Kremer (Christoph Jacob) Von der Stiftung und ersten Einrichtung der hohen Schule zu Heidelberg. In dem 1ten Band der Acten der kurpf. Akademie der Wissenschaften. S. 373-427.

Der Verf. las diese Rede vor dem 17ten Oct. 1765. Es ist zu bedauern, daß ihr Inhalt sich nur mit den Begebenheiten beschäftiget, welche sich mit der Universität bis an die Zeiten des Otto Heinrichs zugetragen. Neues habe ich zwar, außer dem was schon Hottinger, Sohn und Rayser beschrieben, weniges darinnen gefunden; Nur wird die Einrichtung und Erhöhung der H. Geistkirche in eine Stiftskirche, und die Verdienste, welche Friedrich der erste um diese hohe Schule gehabt, genauer entwickelt. Ihr größter Werth bestehet also in den wichtigen Urkunden, welche in dem Anhang

Anhang bey dieser Gelegenheit zum erstenmal dem Publikum mitgetheilet worden. Es sind folgende:

a) Bulle des Pabst Urban VI. die Stiftung der Universität Heidelberg betreffend. dat. 1385. Seite 388 — 391.

b) Bulle des Pabst Bonifaz IX. über die Erhöhung der heil Geistkirche zu Heidelberg in eine Stiftskirche, dat. kal. Julii. 1400. §. 301 — 395.

c) Urkunde des Kurfürsten Ludwigs III. von der Pfalz über die Einrichtung des neuen Stifts zum heil. Geist, und dessen Verknüpfung mit der Universität, dat. auf Donnerstag nach St. Jacobstag 1413. Seite 395 — 405.

d) Revers der Universität Heidelberg wegen Auslieferung der von dem Kurfürst Ludwig III. ihr vermachten und in der heil. Geistkirche allda aufgestellten Bücher-Samlung, welche die erste Anlage zu der nachher so berühmten Heidelberger Bibliothek gewesen, dat. XVII. dec. 1348. Seite 406 — 420. In den Noten unter dem Text bemerket der sel. Kremer, S. 383, n. b. daß die ganze Samlung aus 89 theologischen, 7 aus den Kanonischen und 5 aus den bürgerlichen

Rechten, 45 medizinischen und 6 astronomischen und philosophischen bestanden. Daher denn der sel. Kirchenrath Wund in dem pr. de Cel. Bibl. Heid. S. 11. mit Recht davon sagt: Incompto ejus Seculi genio accommodatus erat iste apparatus, præterque paucissima patrum, nonnullaque GALENI scripta, nil nisi Ss. scripturæ Glossatores & theologorum atque philosophorum scholasticorum opera in eo reperiebantur. Aus eben diesem schätzbaren Progr., das mit so viel kritischen Fleiß bearbeitet ist, läßt sich auch sehen, S. 8-10. wie unrecht Kremer gehabt, wenn er in der Ueberschrift, die er diesem Revers gegeben behauptet, daß diese Bücher Ludwigs III. die erste Anlage zu der nachmals so berühmten Heid. Bibliothek gegeben; dann die Universität hatte lange zuvor ihre eigne Bibliothek, aus den bekannten Vermächtnissen, ihres ersten Kanzlers, Konrads von Geglehusen, ihres ersten Rectors Marsilius von Jnghen, und des Bischofs von Worms, Matthäus, und zwar schon von 1390, 1396 und 1410 her.

e) Verordnung des Kurfürsten Friedrichs I. die Verbesserung der Universität zu Heidelberg betreffend. dat. feria II. festi Pentecostes 1452. S. 420—427.

f.

NEBEL (DANJ. WILH.) *de pristino literarum in Palatinatu Rheni statu, & potissimum Universitatis Heid. fatis, per longam Principum Electorum, sub quibus floruit, Seriem.*

Sie wurde vorgelesen den 8ten Nov. auf das Geburtsfest des jetzigen Kurfürsten, in der Akademie der Wissenschaften zu Mannheim, im J. 1779. und den Inhalt davon hat auf oben beschriebene Art angegeben H. Hofr. Lamei in dem 4. Band der Acad. Akten, p. 10. Wegen dem ersten Theil wünschte ich vorzüglich, daß sie gedruckt würde, weil außer dem wenigen, das der Sel. Reg. R. Slad in dem bekannten Tentam. pag. 3 u. 4. §. 1 u. 2. davon sagt, und das sich noch meistentheils auf Muthmassungen gründet, doch wenig davon bekannt ist.

g.

g.

DE RIESMANN (WOLFG. WILH.) dissertatio historica de hodiernorum Principum palat. Origine eorumque erga litteras favore. Lugd. batav. 1708. quam denuo edidit I. H. ANDREAE, & *plurimis* notis illustravit, sub Titulo: RIESMANNUS *redivivus* Heid. 1785-1786.

Herr R. Andreä, hat bei dieser Arbeit gewiß viele Verdienste, besonders wegen den vielen neuen Bemerkungen aus der Pfälzischen Litteratur-Geschichte, die er dabei angebracht hat. Riesmann endigt mit dem Leben des Kurfürsten Johann Wilhelm, und von da an wird H. A. fortfahren bis auf unsre Zeit. Außer dem Leben des Verf. das er in dem Vorbericht kürzlich beschrieben, wird auch aus guten Quellen, die in unserer Zeit erst entdeckt worden, sehr vieles berichtiget, und ich habe nichts finden können, das ich hinzu setzen könnte, als eine kleine Unrichtigkeit des Riesmanns, die seinem fleißigen Nachruhm entgangen zu seyn scheinet, R. sagt nemlich,

in

in dem Text Seite 63, daß Rudolph Agricola Prof. der Beredsamkeit auf der Heidelberger Universität gewesen unter dem Kurf. Philipp dem Aufrichtigen, (welches A. auch in den Noten S. 69 annimmt) und Seite 150. daß unter Frid. IV. Simon Stenius als der erste Professor der Geschichte auf der Universität angestellt worden. Beides ist aber unrichtig, dann R. Agricola lebte zwar an dem Hof des Kurf. Philipps, aber nicht auf der hohen Schule, und als der erste Prof. der Geschichte findet sich in den Acad. Acten, Joh. Geiselbach schon zu den Zeiten Otto Heinrichs. S. Wund pr. 11. de Ordine philosophico S. 1. not. 1. Seite 27. not. 83. — Sonst hätte ich auch wohl gewünscht, daß bei dieser neuen schätzbaren Ausgabe es dem Herrn Rector Andreä gefallen hätte, eine andre Ordnung zu wählen, und seine reichhaltige Anmerkungen, in besondern Abschnitten, ganz abgesondert von dem Riesmannischen Text fürzulegen — denn da die Noten viel stärker sind als der Text, so ist's natürlich, daß man bei dem Lesen derselbigen oft den Faden des Textes verliehrt, und den eigentlichen Zusammenhang vergißt; Indessen kann ein gutes

tes Register, wie bei deſſen Beſchreibung von Kreuzenach, zu dem wahren Nutzen des Leſers, dieſe kleine Unannehmlichkeit leicht heben, und daß dieſer unermübete Gelehrte, ſolches bearbeiten, und auch dadurch ſeine Freunde ſich verbinden wird — daran zweiſle ich gar nicht.

Zweites Kapitel.

Von den Schriften, welche verschiedene merkwürdige Epochen und Begebenheiten der Heidelberger Universität insbesondre erläutern.

§. 1.

Von den Privilegien und Vorrechten der Universität.

a.

Tollner (Carl Ludw.) *in Codice diplomatico-francof.* 1700. Fol. S. 123—127.

Es sind 5 Diplomata, worinnen die Privilegien beschrieben werden, welche der Universität bei ihrer ersten Einrichtung von dem Pfalzgraf Ruprecht I. gegeben worden. Man findet sie auch in einem kurzen Auszug in etlichen oben schon angeführten Schriften, z. B. in Hottingers Jubelrede vom Jahr 1656. S. 34 — 36. in L. Ch. Miegs Rede bei dem Antritt seines Rectorats vom J. 1728. Seite 35 — 38. in Kaysers Schauplatz. S. 96 — 99. §. 3. und in Herrn ANDREAE Riesmanno redivivo S 48-51. Besondere Reden haben auch von diesem Gegenstand gehalten, welche aber, so viel ich weiß, nicht gedruckt sind. SCHOENMEZEL de Prærogativis & immunitatibus Univ. Heid. S. Büttingh. pr. de Christophoro palatino de Anno 1765. J. JUNG in Oratione super quæstionem: Quæ videantur præcipua Acad. Heid. Decora & præsidia. S. Büttingh. pr. de Frid. IV. palat. de Anno 1768. —

Das Leben von Tollner haben besonders beschrieben: Flad, in den Carlsruher nüzlichen Sammlungen 1 Band S. 201. u. f. J. H. Andreä in pr. de Crucenaco palatino S. 389 — 401, wobei ich besonders sehr richtig gefunden, das Urtheil über Tollners pfälzische Geschichte, die zum besseren Gebrauch freilich ganz anders hätte eingerichtet werden können, und er hätte nicht nöthig gehabt, die Einwendungen, welche Joannis dagegen gemacht, für so gering anzusehen. Das Schätzbarste ist der beigefügte Codex diplomaticus.

b.

Jus Universitatis Heidelbergensis Urbi & Orbi ostensum. Manhemii 1748. fol. 18 Seit. und 58. Seit. Beilagen.

Eine sehr wichtige Schrift, worinnen von einer der grösten Vorzügen der Universität gehandelt wird, nemlich von den 12 Pfründen, welche auf Erlaubniß des Pabstes Bonifaz IX. Ruprecht der III. von den Stiftern zu Worms, Speier, Neuhaussen, Wimpfen im Thal und Moßbach der Universität einverleibet hat, und zwar aus sehr vielen bisher noch unbekannt gewesenen Urkunden. Es wird zuerst hier aus der Geschichte bewiesen, daß diese Präbenden in Natura, an Frucht und Geld nach dem völligen Ertrag, bis in das Jahr 1618 unverrückt die Universität bezogen hat; daß gleich nach dem 30jährigen Krieg, leztere wenig von diesen Einkünften erhalten, weil das Land sehr verwüstet da lag und die Stifter also selbst ein weit geringeres Einkommen hatten, und daß also von diesen Zeiten die Contracten ihren Ursprung genommen, welche die hohe Schule mit den Stiftern errichtet und Kraft deren sie ein gewisses an Geld und Frucht erhielte; indessen wird zugleich gezeigt, daß die Universität diese Contracten eingegangen, nur auf gewisse Jahre und nicht mit der Verbindung sich damit für immer zu begnügen; das leztere erhellet vorzüglich daraus, weil die meiste Contracten auf einen gewissen Zeitpunkt nur sich ausdehnten und unter den Kurfürsten Johann Wilhelm und Carl Philipp gar oft darum angestanden wurde, die ganze Präbenden wieder in Natura, weil nun bessere Zeiten vorhanden, wie billig zu beziehen; indessen haben die Stifter sich dessen geweigert und daher beweißt zweitens der Verf. aus Rechtsgründen, daß alle ihre Einwendungen Kraft der päbstlichen Bullen, welche die Universität erhalten, nichtig — und daß die Universität, wenn sie auch ganz mit Protestanten besezt wäre, nach dem westphälischen Frieden, als der die ganze Pfalz auf das J. 1685 verweiset, diese Präbenden ziehen könnte. Ob der Proceß, den die Stifter an das Reichsgericht gebracht, entschieden, kann ich nicht sagen. Was die Universität lange Zeit gezogen hat, und wahrscheinlich noch ziehet,

— ließt

ließt man S. 10. Es ist für 12 reiche Pfründen wenig, und es wäre zu wünschen, daß sie wieder in das ganze alte Recht eingesetzet würde, weil Lehrer der Wissenschaften doch gewiß solcher Stiftungen würdig sind, und sie auch verdienen.

Die Schrift kam heraus, als der jetzige Herr Geheime und Administrationsrath von Hertling, der damals bei der Universität Bibliothekar und Prof. Juris gewesen, ein Canonicat in dem Ritterstift zu Wimpfen suchte und erhielte.

Die päbstliche Bullen, die darinnen vorkommen, sind von Urban VI. Bonifaz IX. Eugen IV. und Jul. III. die letztere ertheilet die Erlaubniß auch weltlichen Professoren diese Präbenden zukommen zu lassen.

§. 2.
Von den Reformationen bei der Universität.

a.
Reformatio Universitatis de Anno 1545.

Eine sehr merkwürdige und vollständige Handschrift, welche die Reformation betrift, die der Kurfürst Friderich II. vorgenommen, und die sich noch bei den Universitätsacten findet; S. Wund. Pr. II. de Ordin. phil. (Heid. 1783.) S. 18. Not. 57. wo der Verf. sie auch wohl benutzet hat. Daß dieses aber nicht der erste Versuch gewesen, um die Universität in ihrer innern Einrichtung zu verbessern, ist bekannt. Schon Ludwig IV. dachte daran in dem J. 1444, und man findet nach Sohns Rede S. 278. seine vorhabende Verbesserungs-Versuche in Rücksicht auf die theologische, juristische und medicinische Facultäten in dem 2ten Band der Acad. Acten beschrieben; Friedrich I, führte sie, nach der wichtigen oben angeführten Urkunde von Kremer zum

Theil

Theil aus, und sein Nachfolger **Ludwig**
Vte scheint in die nemliche Fußstapfen ge=
treten zu seyn, weil WUND in Pr. III. de
Orig. & pr. Fac. jur. Heid. S. 8. Not.
9. und zwar aus dem 6ten Band der Acad.
Annalen einen Beweis davon aufstellet. Sein
früher Tod mag ihn wohl an der völligen
Ausführung verhindert haben; doch es ist
seinem Nachfolger Frid. II. nicht besser ge=
gangen, denn daß das oben angeführte Mst.
auch nicht vielmehr als ein Entwurf gewesen,
an dessen glücklichen Vollziehung den guten
Kurfürsten manches gehindert haben mag —
davon zeugen folgende Schriften.

b.

GEORGII (JOANNIS) *Com. pal. — Oratio de Restauratione Acad. Heidelbergensis.* 1558. 4.

Wegen ihrer Seltenheit ließ sie der sel.
Büttingh. (etwas weniges davon aus=
gelassen) wieder abdrucken, und rückte sie in
die Miscella Historiæ Univ. Heid. inser-
vientia, Seite 61=78. Sie handelt fast
ganz von dem Lob des Kurfs **Otto Heinrichs**,

wegen dieſer Reformation, und um deſſen Verdienſt darinnen zu erhöhen, giebt er uns, Seite 68. nach der Ausgabe von Büttingh. von der vorigen Lage und Beſchaffenheit der Univerſität, eine ſolche Beſchreibung, die man in der That, nicht ohne Schaudern leſen kann. Der Erlauchte V ., welchen ſelbſt Joannis in ſeiner Vorrede S. 128. unter die Schriftſteller ſetzet, war in dem J. 1558. Rector magnificentiſſimus, und hatte an der Beförderung dieſer Verbeſſerung nicht wenig Antheil. S. Bütting. Pr. de GEORGIO JOANNE, vom J. 1765, das er mit vielen Zuſätzen aus den akademiſchen Acten bereichert, auch ſeinen Miſcellis einverleibt hat. S. 47=60. — Genauere Kenntniß von dieſer Reformation ſelbſt, giebt folgende Schrift.

c.

Pfalzgrafen Otto Henrici Reformation der Univerſität zu Heidelberg, von 1558.

Ich habe das Glück gehabt, dieſe ſeltne Handſchrift, welche in dem Archiv der

der ref. geistlichen Administration liegt, selbst zu durchlesen; es ist in grün Pergament eingebunden, recht sauber geschrieben, und enthält, ohne die sieben Bogen starke Vorrede, 479 Seiten in Folio.

Das ganze Werk, ist in 3 Theilen abgefaßt. Der 1te, Seite 1 ‒ 116. beschreibt vorzüglich, wie der Senat, und dessen Haupt, der jährlich zu erwählende Rector für das Beste der hohen Schule zu sorgen verpflichtet sey, und in welchem Verhältniß alle Glieder derselbigen, bis auf den Pedellen gegen einander stehen sollen; daher ließt man auch darinnen umständlich die Eidesformeln, welche sie bei dem Antritt ihres Amts, oder bei der Aufnahme zu der Universität, schwören müssen; die von dem Mitglied des Senats; S. 9. des neuerwählten Rectors, S. 12 und 13; der Studierenden S. 22 u. 23. des Syndicus S. 103. des Pedells S. 99. Nachdem wird weitläufig verordnet, nach welchen Vorschriften der Rector und der Senat die Verbrechen und Uebertretung der Gesetze zu bestrafen, und in welchem Fall bei ihren Rechtssprüchen zu appelliren erlaubt seyn soll oder nicht? Doch der größte Theil dieser Abtheilung beschäftiget sich mit den

Vor-

Vorschriften, die rechte und gewissenhafte Verwaltung der Universitäts=Güter betreffend; mit einer ganz genauen Anweisung für die Procurátores Fisci, des zeitlichen Collectors, der Quæstorum rei frumentariæ und Ædilium (Korn, Wein und Baumeistere) als welchen sämtlich ihre besondere Pflichten vorgeschrieben sind, und daher hat dieser ganze Theil ohne Zweifel die Haupt=Ueberschrift: Oekonomie und Administration der ganzen Universität, und endiget sich mit den Vorschriften, für die Aufseher der Bibliotheken (Libereien) und mit dem Befehl, ein gemeines Hospital oder Siechenhaus zu kaufen; zum Behuf armer kranken Studenten. Der zweite Theil handelt von der innern Einrichtung jeder Facultät insbesondere: von der theologischen Seite 119=182; von der juristischen S. 183=235; von der medicinischen S. 236=281, und endlich von der philosophischen oder Facultät der Artisten Seite 285=425. Das leztere ist das vollständigste, und man findet beim genaueren Durchlesen, daß ein Mann die, diese Facultät betreffende Verordnungen, aufgesezt, welcher die lateinische und griechische Litteratur geliebt und gekannt,

und

und von ihrem wohlthätigen Einfluß in die
Philosophie und Wissenschaften überhaupt
innigst überzeugt war; daher werden auch die
damals bekannte beste Schriftsteller, beson=
ders das Studium der Alten hier nachdrück=
lichst empfohlen. Doch von dem, was in
dieser ganzen Reformation sich findet, um
daraus auf die Verfassung der Wissenschaf=
ten und der Denkungsart der damaligen Zeit
einen sichern Schluß zu machen, werde ich
in dem 2ten Kapitel dieser Beiträge reden.
Der 3te Theil, S. 427=497. ist ganz den
Bursen gewiedmet, und schreibt die Regeln
vor, wie diese Collegia, oder wie sie in der
Handschrift meistens genannt werden, Con=
tubernien, sollen, in Ansehung der Dis=
ciplin sowohl als der Oeconomie, verwal=
tet werden; von den Bursen überhaupt,
S. 427=463. und von der Dionys. S.
467=497. Alle hatten eine beinahe klöster=
liche Einrichtung. Als Verfertiger dieser
merkwürdigen Reformation giebt Alting, und
beruft sich dabei auf die akademische Acten,
den Ph. Melanchton, und Jacob Mycill,
Lehrer der griechischen Sprache zu Heidelberg,
und die kurfürstlichen Räthe, Christoph Pro=
bus und Christoph Ehem an; ich glaube

D daß

daß diese Nachricht richtig, weil die beide Räthe stark in allen Geschäften des Kurfürsten gebraucht worden, und die Einrichtung der theologischen und fürnemlich philosophischen Facultät nach dem Geist und dem Sinn eines Melanchtons und Mycills abgefaßt sind; doch ob noch mehrere dabei gebraucht worden, will ich nicht bestimmen; der Kurfürst sagt in der Vorrede nur überhaupt, daß er darnach getrachtet: hierinnen gottesfürchtiger treflicher Leuth Rath, so in diesen Sachen vor andern geübt und erfahren, zu suchen und zu gebrauchen.

FRIDERICI. III. *Instrument de Anno* 1563. darinnen Pfalzgraf Friederich Churfürst, die Clöster und Stift, so bei der Universität aigenthümlich verbleiben, als nehmlich das Closter St. Lamprecht, Stifft Zell, und das Clösterlein Daimbach von allen Steuern, Dienstbarkeiten, Beschwehrden, und dergleichen ledigt und gänzlich freyet. Gedruckt 9 Seiten in Folio, ohne den Druckort zu melden.

Wie kömmts nun, daß man dem unerachtet in TOLLNERS Additamentis ließt,

S. 73. daß die Universität diesem Kurfürsten in dem J. 1567. alle diese Klöster, mit dem was dazu gehöret, etliche Allodial-Güter ausgenommen, überlassen habe? —

§. 3.
Von besondren feyerlichen Gelegenheiten bei der Universität.

a.

Exhortatio illustrissimi Principis ac Domini Dn. Christophori, Comitis Pal. Rheni — Heidelbergensis Academiæ Rectoris, ad ejusdem Professores & Studiosos, cum Leges publice recitarentur. Heid. 1566. 4.

In den Werken des Cisners, welche ausserordentlich selten, ob sie gleich zweimahl, nemlich 1611 und 1658. 8. gedruckt worden, stehet diese Rede auch, und zwar in der lezten Ausgabe, S. 323=331. Etwas davon findet sich in Büttingh. Pr. de Christophoro pal. S. 4 und 5. und in Andreæ Riesmanno redivivo. S. 118=120. Zur Aufklärung der Geschichte findet man zwar nichts darinnen, aber die edelsten Gesinnungen, die der junge Prinz des frommen Fried. III. hier äussert, werden doch in manchem den Wunsch rege machen, daß man sie neu auflegen und allgemein bekannt machen mögte.

b.

Jubilæus academicus de Doctrina Evangelii &c. celebratus in Academia palatina Heidelbergensi. Anno 1617. Heid. 1618. 4.

Die Jubelfeyer dauerte drei Tage und Struv in seiner Kirchengeschichte gedenkt derselbigen S. 548, und zwar wörtlich aus dem Leben des Dav. Pareus, das sein Sohn Philipp herausgegeben. 1633. 12. S. 110-112.

c.

TOSSANI (DANJ.) *Oratio de Heidelberga instituta, destituta, restituta.* Hanoviæ. 1650. 43 S. 4.

Sie ist so selten, daß, wie Joannis in seiner Vorrede S. 128. bemerket, mancher zweifelt, ob sie gedruckt worden, allein Büttingh. überzeugt ihn davon in seinem

Ver-

Verzeichnis und meldet zugleich, daß sie nicht bei der Wiederaufrichtung der Universität, wie jener glaubte, sondern bei der Vermählung des Kurfürsten Karl Ludwigs gehalten worden, auch nicht allein von der hohen Schule, sondern von Heidelberg überhaupt handle.

d.

SPINA (PETR. DE) *Oratio cum renascentis Academiæ Heidelbergensis Archivum exhiberetur Francofurt.* 1651. 4.

Der Verf. war Rector der Universität und rettete ihr Archiv 1624 mit großer Gefahr und erlebte zugleich die Freude 1651 es derselbigen wieder zuzustellen, bei welcher Gelegenheit er diese Rede hielte. Ihm und dem Ludwig Fabriz, der 1693. gleiche Unternehmung glücklich vollführte, hat es also, wie auch Büttingh. in seinem Miscellis bemerket, die Universität zu verdanken, daß sie diesen unvergleichlichen Schaz noch besitzet; Hottinger hat zuerst angefangen, nebst Alting und Pareus denselben zu benutzen; in der neuern Zeit haben Büttinghausen,

Jung, Schoenmezel und vorzüglich Wund, zur Aufklärung der vaterländischen Geschichte es auch gethan — Aber Jung ist nun zu Maynz und die drei übrizen sind für unsre Litteratur-Geschichte zu früh gestorben. Ich hoffe daß die Männer, welche in ihren Stellen ihnen nachfolgen, nun auf diesem Pfade weiter vorangehen, denn es soll hier noch eine reiche Ernde einzusammlen seyn! Spina starb zu Frankfurt als Stadtarzt 1655 und er wurde nicht mehr Lehrer auf der Universität, wie Keyser im Schauplaz S. 141. glaubt, auch übergab ihm der Kurfürst Carl Ludwig nicht das Archiv, wie er ferner sagt, sondern Spina übergab es der Universität. Er war zu alt und kränklich um die Lehrstelle wieder anzunehmen. S. Bernhards Orat. funebr. in Obitum Frid Petri de Spina. Hanov. 1721. fol. pag. 13 u. 14. Daselbst wird kürzlich von der ganzen Spinaischen Familie gehandelt, und dieses von unsrem Verf. mit eingerückt.

e.

e.

Recensus vernalis historiæ novissimæ Anno 1687, *s. Relatio historica rerum toto terrarum orbe gestarum a mense Julio usque ad finem Anni* 1686 *& ultra. Francof.* 1687. 4.

Büttingh. bemerkt schon im Verzeichnis daß darinnen S. 160, 167. das Heidelberger Universitäts=Jubiläum von 1686 beschrieben sey; Herr J. Schwab, der die philosophische Lehrstelle schon so lange mit Ruhm und Würde bekleidet, hat neulich eine Rede gehalten, worinnen er von diesem Gegenstande, aus den acad. Acten handelte, und wenn diese, wie ich wünsche, gedruckt wird, so werden diese Feyerlichkeiten wohl allgemeiner bekannt werden. Die Duisburger Universität übersandte damals ein Glückwünschungsschreiben, das Büttingh. unter dem Namen Tollius anführet, weil er es verfertigte. Es wurde gedruckt. Heid. 1686. 16 S. Fol.

f.

f.

CROLLII (J. LAUR.) *Allocutio submississima ad Joannem Wilhelmum, cum Bibliothæcam Grævianam Academiæ Heidelbergensi addixisset. Marburgi 1703. fol.*

Der Verf. war Rector der Universität zu Heidelberg, als die Stadt zerstöret wurde, und starb zu Marburg als erster Lehrer der Gottesgelahrtheit und Pädagogiarch den 27. Sept. 1709. Von seinem Leben, Schriften und merkwürdigen Schicksalen denke ich zu einer andern Zeit zu handeln; denn er machte der Pfalz Ehre und ist der Großvater des Herrn Prof. Crolls zu Zweibrücken, der um unsere vaterländische Geschichte so vielfältige Verdienste hat. Die Grävische Bibliothek kam leider! nicht ganz nach Heidelberg, und H. R. Andreä behauptet sogar, in Mantissa ad Crucenacum S. 6. daß der unbeträchtlichste Theil davon nur der Universität übergeben worden sey.

§. 4.

§. 4.

Von der Geschichte der verschiedenen Facultäten auf der Heidelberger Universität.

A.
Von der theologischen Facultät.

JUNG (J.) S. J. *Academiæ Heid. Acta, ad Conciliorum Const. Basil. florentini Historiam Heid.* 1772. 4.

Da der Herr Verf. die Doctorwürde in der Theologie erhielte, so hielte er eine kurze Rede, worinnen er aus der Geschichte, besonders aus den Acad. Acten bewiesen, daß die Heidelberger theologische Facultät bey diesen 3 Concilien würksam gewesen, und dabei von den Päbsten sowohl als weltlichen Regenten, dem Kaiser und den grösten deutschen Reichsfürsten auf eine sehr ehrenvolle Weise behandelt worden seie, und diese Rede gabe er hernach mit den Urkunden aus den Acad. Act. heraus. Die dazu gefügte Noten unter dem Text der Rede sowohl, als unter den Urkunden selbst erläutern etliche wichtige Gegenstände der pfälzischen Literatur-Geschichte, und es wäre, wie ich oben schon bemerket, sehr zu wünschen, daß mehrere Abhandlungen von der Art ans Licht gestellt würden. S. 5. not. b. wird z. B. bewiesen, daß man die Heidelberger Universität nicht die älteste in Deutschland nennen könne, bis man erst bewiesen, daß die zu Wien noch 1384 gestiftet worden, welches aber nach den hier angeführten historischen Beweisen wohl schwerlich zu beweisen seyn wird. Herr Hofger. und Prof. Reichert hat über diesen Gegenstand bei dem Antrit seines Rectorats eine besondere Rede gehalten: S. WUNDS pr. IV. de Orig. & pr. Fac. jur. vom J. 1771. welche Meinung er aber dabei angenommen, kann ich nicht sagen.

Academia Heidelbergensis ex vita Pii II. Pontificis illustrata in Miscellis Historiæ Universitatis Heid. inservientibus. Heid. 1784. 8. 1-26.

Ich rechne diese Schrift zu denen, welche die Geschichte der theologischen Facultät erläutern, weil man daraus die Gesinnungen

gen der Lehrer der damaligen Zeit gegen den römischen Hof erkennen kann, und zwar aus der merkwürdigen Instruction vorzüglich, S. 16 — 23. welche Sie dem Prof. Laufenburg, als er nach Rom reißte, insgeheim mitgegeben. Sie gaben darinnen dem Pabst die Nachricht, daß sie an den Unternehmungen ihres Kurfürsten Frid. I. womit er die Rechten der deutschen Freiheit, in der Streitsache zwischen dem bekannten Kurfürst Dieterich von Mainz und dem P. Pius II. zu vertheidigen suchte, gar keinen Antheil genommen — und diese Erklärung stehet in einem besondern Kontrast mit den Gedanken ihres Herrn, welche man in Kremers Lebensgeschichte Friedrichs I. lesen kann.

B.

Von der juristischen Facultät.

WUND (CARL CAS.) *de Origine & Progressu facultatis juridicæ in Acad. Heidelbergensi.* Pr. I. II. III. IV. V. Heid. 1767 - 1783. 4.

Die Geschichte dieser Facultät wird darinnen bearbeitet von ihrem ersten Ursprung

sprung bis aufs Jahr 1575, und zwar auf eine Art, welche den Beifall aller Kenner erhalten; hier findet man kein bloses Namen-Register von den Lehrern dieser Facultät, sondern wahre kritische Geschichte, die zugleich Licht ausbreitet, über die Verfassung der juristischen Wissenschaften der damaligen Zeit, und immer die Beweise dazu aus den Acten selbst aufgestellt. So hat er z. B. Pr. I. S. 20 — 22 gezeigt, wie das Canonische Recht gelehrt wurde, und in dem vorhergehenden, S. 11-15. beweißt er, daß die Meinung von Kremer (in der oben angeführten Vorlesung von der Stiftung und ersten Einrichtung der hohen Schule) ganz unrichtig, indem er behauptet, daß Friedrich der 1te, den ersten Lehrer in Jure civili angestellt habe; schon 1387 findet sich einer in den Acten, und — wenn zu den Zeiten Ruprecht des 2ten keiner da gewesen, so war, wie der Verf. sehr richtig muthmasset, die Schuld allein daran, weil dieser Kurfürst die alte deutsche Landesgesetze wieder eingeführet wissen wollte; doch wenn ich alles das neue und merkwürdige, welches in diesen pr. fürgelegt wird, nennen wollte, so müste ich sie beinahe ausschreiben;

was

was von den leztern berühmten Rechtsgelehrten in dem 15ten und 16ten Jahrhundert gemeldet wird, betrift blos das, was von Ihnen in den Universitäts-Acten stehet, und wovon ihre bekannte Biographen, die er nicht wieder ausschreiben wollte, nichts haben, oder darinnen sie wenigstens geirret.

Das Leben des verstorbenen Verf. hat in einer edlen und gedrängten Kürze entworfen, sein verehrungswürdiger Freund und Amtsgenoffe, Herr Prof. Schwab, in dem 9ten Heft des pfälzischen Museums. S. 909-914. Vielleicht werden noch seine Werke gesammelt, und dann wird eine umständlichere Lebensbeschreibung — vorzüglich aus seinen Briefen und Reisejournalen, zugleich erscheinen. Ich füge hier nur die Grabschrift bei, die über seinen Grabeshügel, auf einer Pyramide, auf dem Kirchhof zu St. Peter stehet.

Unter diesem Stein ruhet, was sterblich war, von weiland Herrn Carln Casimir Wund, Kurpfälzischen Kirchenrath, und öffentlichen Lehrer der Beredsamkeit, Kirchengeschichte und philosophischen Wissenschaften auf der hohen Schule zu Heidelberg,

berg, gebohren den 25ten Aprill 1744. gestorben den 23 Aprill 1784.

Unsterblich wäre er gewesen, könnten Talente und Herzensadel Unsterblichkeit geben — ein Patriot, ein Christ und Menschenfreund, widmete er sein Leben dem Vaterland, der Kirche und hohen Schule, und ergriff schnell ein jedes Verdienst, das ein Mensch um Menschen sich erwerben kann. Indem er aber andern diente, welkte seine Kraft dahin, und auf seinen 40sten Geburtstag fand der Ermüdete hier seine Ruhe.

Um ihn weinen viele Edle, aber ach! die bittersten Thränen, eine zärtliche Gattin, 6 unmündige Kinder, zwei Brüder und Schwestern, die ihm dieses Denkmal der ehelichen und kindlichen Liebe und heiligen Bruder-Freundschaft aufgerichtet haben.

G.

C.

Von der medicinischen Facu'tät.

SCHOENMEZEL (FRANC.) *Tentamen Historiæ Facultatis Medicæ Heidelbergensis.* 1769. 4.

— — — *Continuatio Historiæ facultatis medicæ.* Heid. 1771. 4.

— — — *Collectanea ad Historiam facultatis medicæ* Heid. 1771. 4.

Diese Abhandlungen sind aus den nemlichen neuen Quellen geschöpfet, wie obige, über die juristische Facultät, nemlich aus den ältesten academischen Acten. In dem ersten wird die medicinische Facultät nach ihrer ursprüngl chen Verfassung beschrieben, und kürzlich die Lehrart, welche damals eingeführet war, entwickelt; In dem andern werden die Lehrer benennet, welche von 1387 bis 1450 auf der hohen Schule gestanden — und weil aus Mangel der Nachrichten hier nichts als ein trocknes Namen Register aufgestellt werden konnte, so hat der Verf. aus den Acten ein medicinisches Gutachten von 1425 ganz eingerückt, daraus man auf die medicinischen Kenntniſſe der damaligen Zeit einen ſichern Schluß machen kann, und darüber er auch ſelbſt am Ende ſein Urtheil fället; das dritte erzählet etliche merkwürdige Begebenheiten, unter den Rectoren, des Johannes Schwendins und Erhard Knabs von Zwiefalten, welche beyde Med. Doctores waren, in den Jahren 1450, 1461, 1476 und 1479. Das leztere Jahr iſt beſonders merkwürdig wegen dem Streit des Kurf. Philipps des Aufrichtigen mit der med. Facultät, der den Einſichten dieſes großen Beſchützers der Wiſſenſchaften Ehre macht, aber die Mitglieder der Facultät in einer traurigen Geſtalt darſtellt; der Kurf. welcher einſahe, daß das wenige Anſehen, das die Facultät bisher gehabt, und der geringe Nutzen den ſie geſtiftet, allein daher rühre, weil kein beweibter weltlicher Gelehrter, ſondern immer ein Clericus den Lehrſtuhl erhielte — wollte eine eben vacante Stelle mit einem von der erſten Art beſetzen — aber vergebens? Auch der Pabſt hatte nicht ſo viele Gewalt, durch eine beſondre Bulle, die Facultät von ihrer alten fehlerhaften Einrichtung abzubringen, und der gute Kurfürſt muſte

sich

sich damit begnügen, daß der, den er vorschlug, die zweite Stelle, mit etwas weniger Besoldung erhielte.

Schönmezels Leben, der leider auch in seiner Blüthe starb, habe ich noch nicht beschrieben gefunden; Es war zwar eine Lobrede an und vor sich selbst und das Andenken an diesen menschenfreundlichen Arzt wird die ganze Stadt Heidelberg ohnehin nicht sobald verliehren. Indessen wünschte ich doch, daß der würdige Mann, der mir diese Programmen gütigst geliehen, auf seinem Vorhaben bestehen, und dasselbige entwerfen mögte, weil ich überzeugt bin, daß er denn einen Biographen erhielte, der seiner werth wäre; Die schöne Vorrede zu des Herrn D. Gattenhofs Stirpes enthält auch einiges, das zur Geschichte der med. Facultat dienet.

C.   D.

D.

Von der philosophischen Facultät.

KREUSLER (IGNAT.) *S. J. Progressus Facultatis Philosophicæ ab Anno 1705-1764. inclusive. Heid. 1764. Fol.*

Auſſer der Vorrede, 8, 1 — 8. welche von den Vorzügen der philosophischen Facultät und den philosophischen Wissenschaften überhaupt handelt, findet man nichts darinnen, als ein bloſes Verzeichnis derer, welche 1705 — 1764 jährlich die Magisterwürde erhalten, mit der Anzeige, wer in jedem von diesen Jahren Rector magnificus, Kanzler, Decan der Facultät und Promotor gewesen. Dazu kann es einmal dienen, um daraus die Reihe der Rectoren der Universität vollständig zu machen.

Wund (Car. Cas.) *de Marsilio ab Inghen, primo Universitatis Heidelbergensis Rectore & Professore.* Heid. 1775. 20 Seit. 4.

— — *Pr. Memorabilia nonnulla Ordinis philosophici exhibens.* Heid. 1779. 32 Seit. 4.

— — *Memorabilium Ordinis philosophici Heidelbergensis Pars secunda.* Heid. 1783. 38 Seit. 4.

Sie sind eben so reichhaltig, als wie die von der juristischen Facultät, und — weil die philosophische zu Heidelberg so wie zu Paris, nach dem Plan des Stifters, besondere Vorzüge gehabt, in gewisser Betrachtung, noch wichtiger.

Das Leben des Marsilius, von dem Provins Oratio funebris, die den Monumentis Adamj angehängt ist, gar wenig merkwürdiges enthält, wird sie so vollständig und kritisch-richtig beschrieben, als es nur seyn konnte, und der Verf. ist der erste, der darinnen seine Ehre gerettet, da er als gewiß dargethan, daß er nicht mit Buridam, dem gemeinen angenommenen Urheber

ber von der Stiftung der Wiener Universität, aus Paris verjagt worden, sondern daß es höchst wahrscheinlich, daß ihn Ruprecht I. selbst von da berufen, um seinen großen Plan auszuführen.

In dem ersten Pr. von der philosophischen Facultät wird der Ursprung und die Vorzüge, welche diese Facultät gehabt, nebst der Lehrart, die zuerst darinnen eingeführet ward, mit außerordentlich genauem und kritischem Fleiß, entwickelt, — und so werden die fernern Schicksale der Facultät, nebst dem Leben der würdigsten Lehrer auf eine gleiche Art in dem zweiten bis aufs Jahr 1596 beschrieben. Der Verf. hatte vor, besonders bei der Feier dieses Jubeljahres noch so vieles von der Art aus den Acten zu bearbeiten, daß er am Ende die Geschichte der ganzen Universität dem Publikum vorzulegen im Stande gewesen wäre. —

SCHWAB (IOH.) *Progressus Facultatis philosophicæ ab Anno* 1765 - 1779. Heid. 40 S. in 4.

Nicht nach Kreuslers Methode, sondern mit so vielen bey jeder schicklichen Gelegenlegenheit angebrachten schönen litterarischen Bemerkungen, daß die Abhandlung für jeden der die Litteratur liebt, recht unterhaltend geworden. Bei dem Antritt seines Rectorats hielte er auch eine Rede: *de Celebritate Nominis, qua semper viguit antiquissima Heidelbergensium Academia.*

§. 5.

Von den Verzeichnissen der Rectorum magnificentissimorum, Magnificorum und Professorum auf der Heidelberger Universität.

a.

Catalogus Rectorum Universitatis Heidelbergensis a prima ejus Fundatione in Tollneri Codice diplomatico. S. 129 = 132.

Er ist sehr fehlerhaft und unvollständig — bis aufs Jahr 1624. Jung, Büttinghausen vorzüglich und Wund haben ihn daher in ihren acad. Schriften an unendlich vielen Stellen berichtiget. Bütt. hatte vor, ihn ganz verbessert und bis auf unsre Zeit fort-

fortgeführet, herauszugeben — und das wäre in der That keine unebne Arbeit gewesen, denn so lächerlich einem manchen solche Register zu seyn scheinen, so wichtig sind sie dem Geschichtschreiber, der nichts angeben darf, ohne genaue Bestimmung der Zeit und ohne Beweiß. Daß ich ihn der folgenden Schrift vorgesezt, kommt daher, weil ihn Tollner aus einer Handschrift aus der Spinäischen Familie erhalten, die älter ist.

b.

Parnassus Heidelbergensis omnium illustrissimæ hujus Academiæ Professorum Icones exhibens. 1660.

Ich habe ihn noch nie zu sehen das Vergnügen gehabt, und kann also von dessen Werth nicht urtheilen. So viel erinnre ich mich gelesen zu haben, daß er zugleich Lobschriften auf die Professoren, deren Bildnisse er aufstellt, enthalte. Daß die Angabe des Joannis vom Jahr 1660, gegen Lippenii Bibl. phil. welche 1661 als das Druckjahr angiebt, richtig, glaube ich, weil in Joh. Frid. Wundii Bibl. S. 249 auch das Jahr 1660 stehet.

c.

c.
Elenchus Professorum Heidelbergensium.

Er ist, wie ich schon oben gemeldet, der kleinen Sammlung beigefügt, die der Herr Ehegerichts-Director **Mieg** unter dem Titel: Acad. Heid. ortus & progressus 1771 heraus gab, und wird daher unter seinem Namen angeführt, ob er gleich aus einer alten Handschrift genommen zu seyn scheinet, die von 1443 — 1686 gewesen. Professores illustres und magnificentissimi sind ihm vorgesezt; übrigens ist er eben so mangelhaft wie der Tollnerische Catalog, und wird daher von oben angeführten Schriftstellern, dazu man noch den Herrn R. Andreä rechnen kann, an gar viel Stellen berichtiget, denn es stehen Professoren darinnen, die niemals auf der Universität gewesen — andre sind ausgelassen — andre falschen Facultäten zugeschrieben, und das Sterbjahr, so wie die Zeit, wenn einer zu der Universität gekommen ist, gar oft auch unrichtig angegeben.

d.

BUTTINGHAUSEN (CARL) Pr. de Georgio Johanne R. Magn. in Anno 1558. H. 1765. fol.

— — — — de Christophoro, Com. pal. R. magn. in Anno 1568. ib. 1765. fol.

— — — — de Carolo bipont. 1560. ib. 1767. f.

— — — — de Friderico IV. Com. pal. 1567 & 1568. ib. 1768.

— — — — de Carolo Ludovico. 1652. ib. 1769.

— — — — de Acad. Heid. Rectoribus illust. & magnificentissimis. 1770.

Der Verf. hatte vor, sie sämmtlich umzuarbeiten, und ein Beispiel davon hat er schon aufgestellt, in dem 1. Th. von seinen Miscellis (Heid. 1785. 4. 80 Seiten) mit denen von dem Pfalzgr. Georg Johannes, und den Rectoribus magnificentissimis, wo er gar viele angenehme Nachrichten

ten beigebracht, nicht allein die zu dem Leben dieser Pfalzgrafen dienen, sondern auch die Geschichte dieser Universität selbst erläutern. Ich halte wenigstens diese Miscella für eine von seinen wichtigsten Schriften, weil dabei alles aus den Acten der Academie, als bisher in diesem Stück noch nicht sehr benuzten Quellen gezogen — und bedaure also daß sie nicht fortgesezt werden können, wegen seinem unvermutheten Tod. Hätte ihn die Vorsehung länger leben lassen, so würden wir noch folgende Schriften von ihm erhalten haben: 1) Die Fortsetzung von seinen Miscellis. 2) Bei der Feier des Jubiläums, eine Rede oder Abh. von den pfälz. Gottesgelehrten welche von 1686 bis 1786 gelebt haben und noch leben — von welcher schon das meiste bearbeitet seyn muß. 3) Pfälzische Bibelnachrichten, an denen er schon gar lange gesammelt. 4) Altings Kirchengeschichte von der Pfalz, mit vielen Zusäzen in lateinischer Sprache. 5) Neue Supplementen zu Mosers pfälzischem Staatsrecht.

§. 6.

Von der ehemaligen berühmten Heidelberger Universitäts-Bibliothek.

a.

Catalogus Librorum Manuscriptorum græcorum in Bibliotheca palatina Electorali, confectus a Frid. Sylburgio, in Monumentis Pietatis & Litterar. Francof. 1701. 4. S. 1, 128.

In der Vorrede melden die berühmten Herausgeber, Mieg und Nebel, wie der Catalog in ihre Hände gekommen, und bringen zugleich noch andre litterarische Nachrichten bei, welche die Geschichte dieses vortreflichen Bücherschatzes erläutern. Büttingh. hat in seinem Verzeichnis unter dem Wort Catalogus bemerket, wie man es anzustellen habe, um noch mehrere Nachrichten von den seltnen Handschriften, die darinnen gewesen, zu erlangen.

b.

b.

ALLATII (LEON.) *Instructio de Bibliotheca Palatina Romam transportanda.* Gryphsw. 1708. 4.

Der Seltenheit wegen rückte sie Baumgarten in die Nachrichten von merkwürdigen Büchern ein. B. III. S. 522-528. und Gerdes in die Miscell. Grœning. Tom. IV. P. I. pag. 575-580. Das Original war italiänisch, wie Büttingh. im Verzeichnis bemerkt, und wurde von Mich. Fr. Quade ins Lat. übersezt. Denis hält es zwar für unächt — aber ich glaube, daß ihm gut darauf geantwortet sey in den pfälz. histor. Nachrichten aus neuern Schriften. S. 81. Die Instruction selbst ist unterzeichnet. Rom. 23. Oct. 1622. und enthält verschiedene Klugheits-Regeln, welche Allatius zu beobachten hätte, um die Bibliothek sicher nach Rom zu bringen, und dem Kurf. von Baiern M. soll er zum Gegengeschenk überbringen den päpstlichen Segen, etliche heilige Reliquien; den Ablaß und ihn versichern, daß er, wenn er noch andere geistliche Güter verlange, dieselbige gleich erhalten würde.

C.

c.

STRUVII (B. G.) *Introductio in Notitiam Rei litterariae cum notis Coleri & Lilienthalii.* 8. S. 198-208.

Von den auswärtigen Schriftstellern will ich nur diesen anführen, weil die übrigen doch ihn meistens ausgeschrieben haben, und derselbige auch noch viel vollständiger ist, als die andre, ob es ihm gleich an Unrichtigkeiten nicht fehlet, und er das was richtig ist, aus pfälzischen Nachrichten, z. B. dem Alting und dem Monumentis p. & l. entlehnet hat. Wer überhaupt eine Menge, die darüber geschrieben, zu lesen Lust hat, der sehe ANDREÆ Riesmannum redivivum P. II. S. 104, wo er vieles finden kann, das von immer einer den andern ausgeschrieben, ohne sich darum zu bekümmern, ob die Nachrichten gegründet seyen oder nicht? Von den älteren pfälz. Schriftstellern ist, nach Büttingh. Urtheil am wichtigsten Frid. Spanhem in Oper. Tom. I. weil er dabei das Archiv, und das MSS. benutzet hat.

d.

d.

Kaysers (J. P.) Schauplaz, von der Bibliothek. S. 156 ‚ 164.

Der Verf. hat darinnen eben so viel gutes und richtiges, als in dem Kapitel von der Universität überhaupt, und wenn sich einige kleine Unrichtigkeiten eingeschlichen, so war gewiß der Mangel an bessern Quellen allein daran Schuld.

e.

Wund (Car. Cas.) *de celeberrima quondam Bibliotheca Heidelbergensi.* Heid. 1776. 33 Seit. 4.

Wer dieses Pr. hat, kann die vorhergehende Schriften über diese Bibliothek wohl entbehren, denn der Verf. berichtiget nicht allein, was diese von ihrem Ursprung, Fortgang oder Anwachs und Schicksalen erzählen, sondern weiß auch so viel von den Büchern und Handschriften selbst, die darinnen gewesen und noch sind, anzubringen, und zwar aus den sichersten Quellen, daß man erst von ihrem wahren hohen Werth
einen

einen richtigen Begrif erhält. Ich beweise dieses aus dem 1ten Theil S. 8-12, wo er von dem Ursprung der Universität so wohl als der kurfürstlichen Bibliothek, als welche beide lange von einander getrennt gewesen, handelt. Daß die erstere von dem, was die Universität sowohl an Büchern angeschaft, als was sie durch Vermächtnisse erhalten, entsprungen, melden mehrere, aber was es vor Bücher eigentlich gewesen, sagt nur der Verf. nach mühsamer Untersuchung der Acten aus denen darin enthaltenen Nachrichten. z. B. S. 8 u. 9. Not. 7-10. Wann die kurfürstliche mit der Universitäts-Bibliothek vereiniget worden, getrauet er sich im 2 Theil S. 15. Not. 21. nicht zu entscheiden, weil seine Acten davon nichts melden. Alting, Struv und Kremer denen er nicht beistimmen will, behaupten, daß es zu den Zeiten des Kurfürsten Philipp des Aufrichtigen, geschehen. Ich glaube, daß ich dieses besser bestimmen kann und zwar aus der oben angeführten Reformation des Kurfürsten Otto Heinrichs; denn daselbst heißt es, Seite 111. in der Verordnung von der Universität, Bibliothecken oder Libereien. ,,Demnach ist unser meynung und will, das
Re-

Rector und die Universitet, hierzu etliche verordnen sollen, welche dieselbe der Universitet gemeine und alte Bibliotheken alsbald nach disser unser außgegangener und ufgerichteter Ordination mit Bleiß besichtigen, derselben Bücher ein jedes nach seiner Facultet und Profession in ein richtige Ordnung bringen. Auch diejenigen, so in der Kirchen zum heiligen Geist, der Universitet aber gehörig, und daselbst ohn alle Achtung, verstrauet und müßig liegen, zu den andern in ein Corpus redigiren, und verfuegen„ Was der Verf. von ihren Schicksalen erzählet im 3ten Theil ist kurz abgefaßt, weil es allgemein bekannt; aber desto schäzbarer ist die kritische Nachricht, von den Handschriften, die jezo noch im Vatican davon gefunden werden, und dabei er vieles anbringt, das ihm der Herr Abbé Maillot mitgetheilet, als der selbst diese Bibliothek in Rom gesehet hat, und wegen der besondren Erlaubniß, die ihm dazu ertheilet worden, sie genau betrachten konnte.

§. 7.

§. 7.
Von den fürnehmsten Gelehrten die auf der Heidelberger Universität gestanden und ihrem Leben und Schriften.

a.

P. W. L. F. FLAD *Tentamina prima de Statu litterario & Eruditis qui in Palatinatu Electorali per tria fere secula floruerunt.* Heid. 1761. 4.

Was der Verf. §. 1 und 2. von den ältesten Zeiten anführt, hält er selbst für Muthmassungen; von der Stiftung der Heidelberger Universität, 1386, fängt er daher im 3. §. an, erst sichere Nachrichten zu geben, und so handelt er von den Gelehrten, die sich im Staat sowohl als der Kirche und auf der hohen Schule berühmt gemacht, bis auf die Zeiten des Kurfürsten Karls 1680. Indessen ist nicht zu läugnen, daß er allzukurz sey, und gar stark vermehret, auch hier und da berichtiget werden könnte. Er hat aber auch ein Exemplar hinterlassen, worinnen schöne Zusätze stehen. Ich habe mein Exemplar

plar selbst mit solchen Zusätzen nach und nach vermehret, und will, weil ich blos dabei Rücksicht auf die Universität genommen, hier eine Probe davon aufstellen. Es sind lauter Männer, die sich entweder durch Schriften oder durch merkwürdige Handlungen bekannt gemacht haben.

Aus dem 14ten Jahrhundert.

a) **Conrad von Soltow** der erste Prof. in der Theologie der 1393 das Rectorat erhielte, hernach Bischof von Verden ward, und von dem Büttinghausen handelt in dem 5ten Band des alten und neuen. S. 21 u. f.

b) **J. Mathaeus de Cracovia**, der mit einer der ersten Lehrer der Theologie auf der Universität gewesen, und als Bischof von Worms, da er zuvor der hohen Schule seine Bücher vermachte, starb 1410. Die Schriftsteller, welche von seinem Leben und Schriften handeln, führet Büttingh. an im Pr. Miscella palat. ex antiq. acad. Heid. Calendario. S. 9. Not. 1-n.

Aus dem 15ten Jahrhundert.

a) Nicolaus de Jawer, der schon 1406. Rector der h. Schule war, und auf dem Concilio zu Costanz den Redner machte. Von ihm handelt JUNG in Tr. Acta Acad. Heid. ad Concilior. C. B. & Fl. Historiam. pag. 8 - 10.

b) Gerard Brant, der auf dem Concilio zu Basel gewesen, und einen Codicem MSS. hinterließ von dessen merkwürdigsten Verhandlungen, und ihn der Universität vermachte. Er war in dem Archiv bis zu Ende des vorigen Jahrhunderts, wo er leider! verlohren gieng. Ebendaselbst S. 16 und 17. u. s. w.

b.

ANDREÆ (J. H.) *de quibusdam Eruditorum Luminibus, & Palatinatum & Belgium quondam docendo illustrantibus. Sect. I-IV.* Heid. 1774-75.

Es werden kürzlich 60 Gelehrten darinnen beschrieben, worunter gar viele Lehrer

auf

auf der Heidelberger Universität gewesen.
Auch in andern Sammlungen findet man
dergleichen Biographien, z. B. in Nicerons
bekannten Nachrichten fast in allen Bänden,
wie Büttingh. anzeigt in der Sammlung einiger Beiträge zur pfälz. besonders gelehrten
Geschichte. S. 11 und 12; in Dunkels hi-
storisch-kritischen Nachrichten und in Stosch
gelehrtem Europa. S. ebendaselbst S. 7, 8.
und 37. Sehr viele hat auch Herr R.
Andreä bearbeitet in seinen topographischen
Programmen, besonders in denen, die sehr
vollständig sind, wie die von Weinheim,
Alzei, Oppenheim und Kreuzenach. Die
einzelne, welche theils von den Gelehrten
selbst, theils von andern sich vorfinden, sind
kaum zu zählen. H. Flad hat sie bei denen
Gelehrten, die er anführet, meist bemerket,
und wenn man diese Tentamina neu auflegte, und bis auf unsre Zeiten forsezte, so
wäre es gewiß keine unnüze Arbeit, vorzüglich darauf seinen Blick zu wenden, jedoch
mit richtigerm kritischen Geschmack und mit
Auswahl; denn was hilft das Ueberladen?
Unter 10 Biographien von einem Mann,
ist oft nur eine werth gelesen zu werden.

Zweiter Theil.

Einige Nachrichten von etlichen Kurfürsten von der Pfalz, welche sich um die Universität Heidelberg, besonders in Rücksicht auf ihre bessere innere Einrichtung und Verfassung vorzüglich verdient gemacht haben.

Erstes Kapitel.

Von den Kurfürsten vor dem 16ten Jahrhundert.

§. 1.

Von dem Stifter der Universität, Ruprecht I. 1386.

Es ist billig, daß der Stifter der Universität hier den ersten Rang einnimmt. Von der Stiftung selbst und der ersten Einrichtung der hohen Schule, will ich zwar nichts melden, weil dieses fast alle im 1 Kap. §. 1. von mir angezogene Schriftsteller gethan; aber um das Verdienst, das er sich durch diese große und edle Handlung erworben,

ben, in das rechte Licht zu stellen, glaube ich doch, daß es hier der Untersuchung werth: welche Absichten er wohl dabei mögte gehabt haben? Man kann, wenn man der Lage nachdenket, in welcher sich in der Zeit seiner Regierung die Verfassung des deutschen Staats und der Kirche befande, mit etlichen einsichtsvollen Männern, welche sich in ihren Schriften darüber erkläret, folgendes unfehlbar als sicher annehmen. Er wollte, zum Besten seiner und der benachbarten Fürsten Unterthanen 1) die Wissenschaften, welche damals in Italien wieder aufzublühen anfiengen, 2) auch in seinem

F 3 Lan-

---

1) Dies sagen selbst die Worte, die der Pabst Urban VI. in der Stiftungsbulle von ihm anführet: in Act. Acad. Theod. Palat. Tom I. S. 389.
2) S. Mosheims Kirchengeschichte, nach der Heilbronner Ausgabe, 2tem Theil S. 806. wo es von Franz Petrach und Aligeri Dantes heißt: Sie suchten jedermann zur Bildung des Verstandes und zur Liebe der Gelehrsamkeit aufzumuntern, und fanden so wohl unter ihren Landsleuten als auch unter den Franzosen und Deutschen viele Nachfolger.

Lande ausbreiten — dadurch den bisher
eingerissenen Lastern, welche der Aberglaube
und die Unwissenheit, diese fruchtbare Müt=
ter alles Uebels, erzeugt und ernähret, den
mächtigsten Dam entgegen setzen 3) — das
Ansehen des Pabsts Urban VI, den er
für das einzige rechtmäßig erwählte Haupt
der Kirche hielte, durch aufgeklärte Män=
ner befestigen 4) und einer bisher durch
mancherlei Unglücksfälle niedergedruckten
Stadt

---

3) S. Sohns Rede bei dem v. Byler, S. 263.

4) Diese glückliche Muthmassung von den Ab=
sichten des R. I. bei seiner Stiftung hatte
zuerst Mieg in der Rede von 1728. S.
17. und weiter führet sie aus Wund in
dem Leben des Marsilius ab Inghen. S.
10. Not. e, welcher beweiset, daß die Uni
versität zu Paris, zulezt die treueste An=
hängerin vom Pabst Clemens geworden,
ausgenommen den daselbst studierenden Deut=
schen, — und damit diese zu Paris nicht
zulezt doch noch zur Parthie des Clemens
übergehen möchten, stiftete er in Deutschland
eine eigne Universität.

Stadt 5) die ihm und seinem Volk werth
ware, weil sie in einer der schönsten Gegen-
den vom deutschen Reich liegt, 6) wieder
aufhelfen und eine neue wohlthätige Nah-
rungsquelle verschaffen. Man könnte zwar
einwenden, daß man einem Fürsten, der von
sich selbst das Bekenntniß ablegt, daß er in
den Wissenschaften unerfahren, 7) solche
große

---

5) S. Mieg in oben angef. Rede S. 12. die
Unglücksfälle aus dem 13ten Jahrhundert,
die er anführet, beschreibet weitläufiger
Rayser im Schauplaz. S. 216 u. 217.

6) Auch davon finden sich Beweise in der Ur-
banischen Bulle, wo der Stadt Heidelberg
eine zu einer Universität bequeme Lage, ge-
sunde Luft, Ueberfluß an Nahrungsmitteln
und an allem dem, was zum menschlichen
Leben gehöret, zugeschrieben wird, S. 389.
und daß die Päbste bei der Ertheilung der
Privilegien zur Errichtung irgend einer Universität immer auch auf eine solche Orts-
lage Rücksicht genommen, sieht man aus
der Bulle des Julius II. die er ausgehen
ließ, da er die hohe Schule zu Frankfurt an
der Oder bestätigte; S. Beckmanni me-
moranda Francofurtana. Cap. II. pag. 18.

7) In dem Brief, den er an den König von
Frankreich Carl V. geschrieben, wo es heißt:

große und erhabene Absichten bei der Stiftung der hohen Schule nicht beimessen könnte; aber wenn man seinen natürlichen Scharf-
sinn und übrige Regenten-Tugenden in seinen Staatshandlungen 8) nicht mißkennen
kann, da er durch seine Klugheit das allge-
meine Zutrauen der benachbarten Fürsten
gewonnen, und bei denen unter ihnen ent-
standenen Strittigkeiten zum gewöhnlichen
Frie-

Qui Sola materna lingua utimur, & sim-
plex laicus sumus, & literas ignoramus,
in Tollneri Additament. S. 108. worinnen
er zugleich seine starke Anhänglichkeit an den
Papst Urban VI. zu erkennen giebt.

8) In seinen Staatsverhandlungen will man
ihm zwar große Verdienste um sein Haus
absprechen, weil er dem Kaiser Carl IV. zu
sehr ergeben gewesen wäre, und einen großen
Theil der Oberpfalz an Bayern verkauft
hätte; aber wie kann man das, wenn man
überlegt, daß er auch sehr vieles erworben,
mehr als irgend ein Pfalzgraf kurz vor oder
nach ihm? Vom Einwurf kann man noch
lesen Wittekinds Prosapiam Ser. Elect. pal.
Rh. beym van Byler. S. 164; und von
seinen Erwerbungen: Tollner in Additam.
S. 45. 66. 67. 75.

Friedensstifter gewählet würde 9) — so muß dieser Zweifel billig schwinden.

§. 2.

Von dem Kurfürsten Friederich I 1452.

Im 1. Kap. §. 2. da ich die bei den akademischen Akten noch liegende Handschrift von der Reformation Friedrichs des 2ten vom Jahr 1545 angezeigt, habe ich schon bemerket, daß Ludwig der 4te auch vorgehabt die Universität, besonders im Jahr 1444 zu verbessern. Sohn 10) ziehet deßfalls den 2ten Tom. der Acad. Acten an, worinnen wirklich das beschrieben wird, was er mit der theol. jurist. und medicinischen Facultät zu verändern vorgehabt. 11) Wund-

mel-

---

9) Z. B. in dem Streit zwischen Adolph dem Erzbischof zu Mainz, und Hermann Landgrafen zu Hessen im J. 1381. S. noch andre Beispiele in TOLLNERS Codic. dipl. p. 114. Num. 160. pag. 117. Num. 162.

10) Bei dem V. Byler. S. 278.

11) Siehe auch And. Riesm. rediv. pag. 59.

meldet aber, 12) daß **Ludwig** das Werk nur angefangen, und **Friedrich I.** erst vollendet habe. **Kremer** 13) sagt daher von diesem grosen Kurfürsten: Er bestättigte die Freyheiten der Universität, vermehrte ihre Einkühnfte mit den Pfarreien **Pfeffingen** und **Güntheim**, sorgte mittelst einer merkwürdigen Verordnung 14) vor ihre innere und äussere Ruhe, verkürzte die Vacantien,

er-

---

12) Pr. II. de Or. & pr. Fac. jur. S. 4, not. o. wo zugleich ein umständlicher Auszug aus der Reformation Frid. I. in Rücksicht auf die juristische Facultät stehet.

13) Sie stehet Tom. I. Act. Acad. Theod-pal. S. 420 — 27. Num. 8. Kremer handelt auch von den Verdiensten des Kurf. um die Universität in seiner Lebensgeschichte Fridrichs I. L. 1. S. 523 — 526, wobei doch bemerket werden muß, daß er viele Staatsmänner, wie z. B. den Landschad von Steinach und andre als Rechtslehrer auf der Universität angiebt, die es nicht gewesen, und die man nur unter die Reihe der Kurfürstlichen Räthe setzen muß.

14) S. WUND. pr. II. de Or. & pr. Fac. jur. S. 3 — 11.

erweiterte die Freiheit öffentlich zu lesen, beschäftigte die Lehrstühle mehr als vorher mit akademischen Streit-Uebungen, theilte die Lesestunden und Pfründe besser ein, ordnete den academischen Rath, verschönerte die öffentliche Büchersammlung, und widmete, wie man hinzusetzen kann, dieselbige zuerst dem allgemeinen Gebrauch 15). Es ist also auch kein Wunder, daß er von vielen Schriftstellern, welche von seinem Leben gehandelt, und seine große Kriegesthaten uns geschildert, zugleich wegen seiner Liebe zu den Wissenschaften, und wegen dem warmen Eifer

---

15) Nach der Verordnung in **Kremers** Urkunden Buch zur Lebensgeschichte Friedrichs I. S. 469. und der schönen Erläuterung, welche **Wund** darüber gegeben in pr. von der Heidelberger berühmten Bibliothek, S. 14. not. 19. **Kremer** lobt in der im Text angeführten Stelle auch deswegen seinen Kurfürsten, weil er die erste Lehrstelle des römischen Rechts eingeführet; ich habe das nicht hinzugefüget, weil es falsch, wie ich schon bemerket, Kap. I. §. 3.

Eifer, womit er über deren Ausbreitung und Veredlung gewachet, sehr gelobet wird. 16)

---

16) Sie werden sämmtlich angeführt in Herrn R. Andreæ Riesmanno redivivo. Part. II. S. 62. 63. not. t.

Zweites Kapitel.

Von dem Kurfürsten aus dem 16ten Jahrhundert.

Otto Heinrich 1558.

Ich glaube, daß ich die Verdienste dieses Kurfürsten um die Universität nicht besser darthun kann, als wenn ich von der oben 1 Th. Cap. 1. §. 2. angeführten seltenen Handschrift, die ich jetzo vor mir liegen habe, hier einen getreuen und gewissenhaften Auszug gebe, die merkwürdigsten Stellen wörtlich darlege, und in den Beilagen zu meinen Beiträgen das, was nach meiner Meinung die Verfassung und vorzüglich innre Einrichtung der Universität von der damaligen Zeit ins beste Licht stellet, in der Abschrift selbst mittheile; wenn ich auf diesem Wege etwas finde, das nach meiner Einsicht einiger Erläuterung bedarf, so werde ich diese in den Noten hinzufügen.

Die Vorrede, wobei die Seitenzahl nicht bemerket ist, enthält sieben Bogen. Der Kurfürst sagt darinnen, seine Vorfahren hätten nach dem Beispiel der löblichen Al-

ten (wovon im Eingang viel geredet wird,
z. B. von den Schülern zu Alexandrien,
Antiochien und Ephesus, welcher leztern
der Apostel Johannes vorgestanden, und von
der zu Smirna, welche der Schüler Johannes, Polykarpus regieret) auf erlangte
Authoritatem der damaln vermeinter
höchster Oberkeit ein frey gemein öffentlich Studium in der Stadt Heidelberg
gestiftet, auch für sich selbst befestiget,
mit herrlichen Privilegien, Freyheiten
und Begnadigungen miltiglichen begabet und gezieret; Er bekennt ferner, daß
dieses rühmliche Werk hernach in einen grossen Verfall gerathen, welches sein Vorfahrer Ludwig 17) schon eingesehen und daher
eine Reformation vorgenommen, und ernstlich befohlen dieselbige pünktlich zu erfüllen;
Friederich der 2te 18) habe darinnen fortgefahren, besonders die Gefälle und das
Einkommen vermehret, und die Professo-
res

---

17) Der 5te. S. davon oben Kap. 1. §. 2.
wo die Reformation des Kurf. Friedrichs
des 2ten von 1545. angeführet wird.
18) Ebendaselbst.

res davon stattlicher besoldet, und an jährlichen Renten vierzehn hundert Gulden zugeleget, welche Addition er hiemit auf ewig bestättige; Indessen, da von neuem allerley Mängel mit Hauffen eingerissen, besonders die Facultas Theologica, nicht dermassen, wie sich bei der hellen Lehr des heillgen Evangelii, das der ewig barmherzige gütige Gott, umb seines lieben Sohns willen, zu diesen Lezten Zeiten wiederumb hat uffgehen und leichten lassen wolgebührt, geordnet, und versehen seyn — auch die Besoldungen in jezigen teueren Jaren zu gering um fügliche Legenten zu bekommen; so fände er sich genöthiget, Kraft des ihm obliegenden hohen kurfürstlichen Amts, solche Gebrechen abzustellen, und wolle zu dem Ende nachfolgende Ordination, oder neue Reformation der Universität zu Heidelberg genaüest befolget wissen.

Das ganze Werk ist, wie ich Kap. 1. §. 2. lit. c. schon bemerket, in 3 Theilen abgefaßt, davon der erste Theil, Seit. 1 = 116. die Hauptüberschrift hat. Oeconomia und Administration der ganzen Universität.

sität. §. 1. Vom gemeinen Consilio und Rath derselben. S. 1 — 9. Er soll aus folgenden Personen bestehen. Aus den 3 ordinairen Doctoren in der Theologie; 4 Professoren in der juristischen und 3 in der medicinischen Facultät; aus den Publicis Professoribus in facultate Artium, nemlich græcæ linguæ, poëtices, Mathematices, Physicæ & Ethicæ und dem obristen Regenten in der Burß 19) oder Contubernio.

In jede Berathschlagung sollen die meiste Stimmen gelten. Keiner soll vorbringen, jeder Gründe angeben, und wenn irgend einer abwesend soll hernach sein Votum oder Protestatio nichts gelten; Abwesenheit soll aber nur in erheblichen Fällen erlaubt seyn.

Der ordentliche Rathstag ist Mittwochs Nachmittag, als wo keine Lectiones publicae gehalten werden.

Wenn

---

19) Was eigentlich unter diesen Burßen oder Contubernien zu verstehen, werde ich weiter unten in einer besondren Note, und zwar da, wo eine Hauptverordnung über dieselbige vorkommt, erklären.

Wenn Briefe an den Senat ergehen, soll sie der Rector, wenn sie geringen Inhalts, vor sich allein, wenn sie aber wichtig, zumahlen vom Hof erlassen, in Gegenwart von zwei ältesten Mitgliedern des Raths erbrechen, und sich mit Ihnen darüber berathschlagen, ob man darüber eine außerordentliche Rathssession ankündigen soll oder nicht?

Was Baulichkeiten und Früchte betrift, soll der Rector mit dem Bau= und Korn= und Wein=Meistern darüber handeln, doch es hernach der ganzen Universität referiren, damit jedes Mitglied davon wissens habe.

Die Bedingungen, dazu sich jeder verpflichten muß, ehe er in den Rath aufgenommen wird, sollen folgende seyn. 1) Soll er ein Attestat seiner ehrlichen Geburt vorlegen. 2) Allezeit, wenn er vom Rector dazu aufgefordert wird, in dem Rath erscheinen und über jede Sache seine Meinung nach redlicher Ueberzeugung, nur zum besten des gemeinen Wesens und der Universität, ohne Leidenschaften, äussern. 3) Alles geheim halten, besonders wenn die hohe Schule von dessen Kundwerdung Schaden zu befürchten hat.

Von

Von Erwölung des Rectors, seinen besondern Assessoren bei Entscheidung wichtiger Rechtshändel, und den Pflichten des Rectors und dieser Assessoren überhaupt und ihrer Jurisdiction. Seite 10—43.

Jedes Jahr und zwar in Vigilia Thomæ apostoli soll ein neuer Rector erwählet werden, und zwar abwechselnd aus den vier Facultäten. Der, auf den die Wahl fällt, ist verbunden dieselbige anzunehmen, und zwar in Zeit von 24 Stunden bei Straf 20 Gulden rheinisch vor dem Ausgang der sieben folgenden Jahren soll er nicht mehr gewählet werden, und, im höchsten Nothfall das Amt nur zwei Jahre aufeinander tragen. Wenn ein Fürst, Graf, Baron u. d. gl. gewählet wird, soll man ihm einen Adjunctum aus dem Senat stellen.

Der Eyd den der neue Rector zu schwören hat, stehet S. 12 und 13. Siehe Beilage Num. 1. wird er aus irgend einer wichtigen Ursache seines Amtes entsetzet, oder stirbt, so soll der Rector des vorigen Jahres, bis zur neuen Wahl sein Amt versehen; zur
Be-

Besoldung soll ihm aus dem alten 10 und aus dem neuen Fisco auch 10 fl. gereichet werden.

Bei Entscheidung der Rechtshändel sollen dem Rector acht Assessoren beigefüget werden, nemlich der Rector des vorigen Jahres, vier aus der juristischen, und drei aus den übrigen Facultäten, denen zusammen der Titel des Consistoriums beigeleget wird. Alle Samstag sollen diese, exceptis feriis, zu Gerichte sitzen, doch muß das der Rector den Assessoren zuvor ansagen lassen. Sie sollen verpflichtet seyn, die Processe abzukürzen, und vorzüglich dafür sorgen, daß nicht leicht ein Proceß so lang daure, daß er noch ins andre Jahr falle, wo ein neuer Rector gewählet werden muß. Ganz geringe Händel kann der Rector allein schlichten. Wenn eine Parthie, in geringen Händeln, auf des Rectors Citation nicht erscheinet, soll sie das 1te mahl 2 Alb. das 2te mahl 4 und das lezte mahl 6 Alb Straf zahlen, und der Gegenparthie die dabei gemachte Unkosten vergüten. Das Geld fällt in den Fiscum um daraus die Honoraria der Assessorn zu bezahlen, denn diese sollen bei jeder Session auf die Person 8 Pfennige erhalten, und wenn sie ohne wichtige Gründe

ausbleiben, auch so viel in den Fiscum geben.

Von dem Consistorio darf man nur in Sachen über 20 fl. Werth appelliren, und zwar zuerst an die ganze Universität; von dieser in Sachen über 80 fl. an das Hofgericht und nicht weiter; doch soll der Apellant in beyden Fällen das Juramentum calumniæ schwören, und wenn er sich dessen weigert, soll die Appellation ungültig seyn.

Jeder Student soll in Zeit von 14 Tagen, höchstens 4 Wochen, wenn er zu Heidelberg ankommt, bei dem Rector zum immatriculiren sich melden; ist er bürgerlichen Standes, so soll er zehen Kreuzer, gehört er zum Fürsten, Grafen, oder Herren-Stand, 1 fl. Einschreibgebühr, nach dem Gesetze, geben. Der Eyd den er schwören soll, stehet Seite 22 und 23. Er ist dem gleich, der sich in L. Ch. Miegs oft angeführter Rede S. 33 und 34 befindet, ausgenommen daß nach den Worten, Injuria ac Vi, die Worte, contra Serenissimum Electorem, Dominum nostrum Clementissimum, dabei ausgelassen sind, und anstatt des Sazes: quod stipulata manu in me recipio, die feyerliche Formel angehängt ist: Ita me
Christus

Christus juvet ac sacro sanctum ejus Evangelium.

Bei dem Rector soll jeder Student melden, in welcher von den 3 obern Facultäten er zu studieren gesonnen sey, und darnach zu dem Decano seiner Facultät gehen, und wenigstens des Tags zwey Lectionen hören. Gehöret er noch zu den Artisten, denn soll er in die Burß oder das Contubernium gethan werden, und unter der Regenten Zucht stehen. Ein reicher soll zwar, wenn er will, auch die Erlaubniß haben, außer der Burß Kost und Logie anzunehmen, doch muß er unter der Aufsicht eines Magisters oder Präceptors stehen, der dann über ihn, in Absicht auf die Sitten sowohl, als die Studia fleißig acht haben soll, beim Uebertrettungsfall mit 1 fl. Strafe, welche dem Fiscus halb, halb dem Rector zufällt, zu dem Ende denn Rector und der alte und neue Decanus der Artistenfacultät, wenigstens alle halbe Jahr alle Burßen genauest zu visitiren haben.

Wenn die Studenten die Statuten übertretten, sollen sie jedoch nach dem Verhalt der Gebrechen, zuerst mit 1 fl., hernach mit dem Carcer, und zulezt mit dem Exilio bestraft

straft werden, erscheinen sie auf vorherge‑
gangene Citation nicht vor dem Rector, denn
sollen sie durch des Orts Obrigkeit dazu an‑
gehalten werden.

Rector und Decanus facultatis sollen
auch das Recht haben, die übrigen Profes‑
sores, wenn einer allenfalls im Amte un‑
fleißig oder liederlich lebt, zur Rede zu stel‑
len, sie brüderlich zu warnen, und wenn
das nicht hilft an Geld zu bestrafen, deren
Hälfte in den Fiscum, die andre Hälfte
aber Ihnen zufallen soll. Wenn das nichts
fruchtet, so sollen sie an das Corpus uni‑
versitatis es berichten, ihn höher strafen,
oder, jedoch mit Zuziehung des Hofs, seines
Amtes entsetzen.

Vom Fisco universitatis, wie es mit dem‑ selben, auch anderer Facultäten gemeinen Seckel in gemein soll gehalten werden — und von den Verwaltern derselbigen. Seite 49 — 64.

Der gemeine Fiscus soll mit 5 unter‑
schiedentlichen Schlössern verwahret werden,
wovon zu einem der Rector, und zu dem
andern

andern die vier Decani, jeder je zu einem, die Schlüssel haben, damit derselbe nicht anders kann geöffnet und verschlossen werden, als in aller Gegenwart. Alle Jahr sollen Rector und Decani von dem gemeinen Fisco Rechnung ablegen, so wie auch die Facultäten über ihren besondern Seckel, vor einem von dem Kurfürsten dazu Verordneten. Was jede Facultät von Dissertationen, Dispensationen u. d. gl. einnimmt, davon kommt ein drittheil in den gemeinen Fiscum, ein drittheil in den Facultäts-Seckhel, und ein drittheil wird unter die Facultäts-Verwandten vertheilet.

Die ganze Universität soll eine geschickte, redliche und vertraute Person zum Uffheber oder Collector erwählen, der alle Gefälle einnehmen, und sie dem Procuratori fisci überliefern soll. Der Eyd, darauf er verpflichtet wird, stehet Seite 54 und 55. Nach dem lezten Artikel, der darinnen enthalten, soll er alljährlich sein Amt in die Hände des Rectors übergeben, und bey Erinnerung an seine Eydespflichten von neuem darum anstehen.

Der Procurator fisci oder Schaffner soll aus den Universitäts-Personen erwählet wer-

werden, und von dem, was er von dem Collector erhält, die Besoldungen auszahlen und das Residuum dem Rector und den vier Decanis zustellen. Der Eyd, den er zu leisten hat stehet Seite 59 und er enthält vorzüglich folgende 3 Punkten, 1) soll er das empfangene Geld nicht zu seinem Nuzen verwenden; 2) die Besoldungen treulich, jedem nach seiner Gebühr, ohne einen dem andern vorzuziehen, auszahlen; 3) auch der Universität auf jegliches erfordern, Rechnung ablegen.

Die von der Universität jährlich zu erwählende Bau= Wein= und Korn=Meistere (Quæstores und rei frumentariæ Præfecti) sollen dazu angehalten werden, daß der Procurator Fisci und der Collector nichts ohne sie baue, verkaufe oder anlege. Geben leztere zu irgend etwas einen Vorschlag, der ihnen zu wichtig zu seyn scheinet, um darinnen zu entscheiden — so sollen sie darüber bei der Universität sich erkundigen, oder auch mit derselbigen sich desfalls an den Hof wenden. Uebrigens sollen sie davor sorgen, daß bei dem Verkauf des Weins und der Früchten die Professores Ordinarii auch Pröbste der Bürßen und Collegien den

Ver=

Vorkauf haben — immer einen Vorrath an Wein besonders an Korn, zum Besten der Universitätsverwandten, auf einen Theurungsfall aufbewahren, und daher sich ihre eigne Speicher und Keller, auch Bender und Mütterer anschaffen.

Von Verleyhung der Universität-Lecturen, Seite 65-70. und Präbenden, S. 70-80.

Die Universität soll im Fall einer Vacatur in den 3 obern Facultäten zwei tüchtige Subjecta dem Kurfürsten vorschlagen, und bei dieser Wahl keine Nebenabsichten haben, sondern bei jedem Subject bedenken: *an dignus an justus sit?* Wenn der Kurfürst erfährt, daß die vorgeschlagene Subjecta nicht so beschaffen, wird er sie verwerfen und auf eine andre Wahl antragen, und die Fehler der ersten Wahl ernstlich rügen. Im Fall keine taugliche Subjecta im Lande, sollen, mit Vorwissen des Hofs auswärtige gewählet werden dörfen; und bei jeder Wahl sollen diese Statuta vorgelesen werden, damit die Wählende sich darnach zu richten wissen. Wer seine Stimme um Geld verkauft,

kauft, soll seines Amtes entsetzet werden, und wer Geld geben will, soll eo ipso als der Wahl unwürdig erkannt werden.

Alle Ordinarii und Legenten sollen einander gleich seyn und keiner einen Vorzug vor dem anderen haben. Die Präbenden von den Stiftern sollen nicht mehr an dieser oder jener Stelle kleben, sondern in den gemeinen Fiscum fallen, damit die Universität den damit versorgen kann, der es verdienet, und die Lecturen damit versehen werden, die es vor andern nöthig haben; doch wenn ein sehr geschickter Mann bei seiner Lectur eine solche Präbende hat, und diese Lectur auch lebenslänglich behalten will, so soll die Präbende auch in so lange damit verbunden seyn.

Die Canonicats-Präbenden an der Stiftskirche zum h. Geist sollen eingezogen werden, und in den gemeinen Fiscum fallen, um damit die alte kränkliche und nicht mehr ihrem Amte fürstehen könnende Personen zu versorgen; sind sie recht wohl verdient, so sollen auch ihre Wittwen und Waisen 1 Vierteljahr nach ihrem Tod die Besoldungen geniessen.

Der

Der Regent einer Bürße soll Zeit seiner Regenterey kein andres Stipendium beziehen, damit mehrere an diesen Beneficien Antheil nehmen können. Jede Lectur soll nur einen Lector haben und nicht zerrißen werden, damit er seinem Amte desto beßer vorstehen kann. Jeder Lector soll sich auch nach dem ihm von der Facultät vorgeschriebenen Plan im Lesen richten.

Von den Häusern und Bäuen und Gärten der Universität. Seite 81-88.

Was schadhaft soll repariret und den Baumeistern vor die Zukunft zur fleißigen Uffsicht anempfohlen werden. Kleine Baulichkeit hat der Innwohner, größere aber die Universität zu besorgen. Die Gärten welche nach Kurf. Ludewigs Verordnung der 3 oberen Facultäten Decani inne gehabt, sollen um, da das Decanat wandelbar gemacht worden, von den Primariis und Senioribus facultatis benutzer werden — So wie der an dem Hauß-Dionysii von dessen Provisor, mit dem Beding daß die Nuznießer die darauf hafftende Beschwehrden tragen.

Von Einigkeit und gemeinem Frieden.
Seite 88 = 89.

Keine Facultät soll der andern Eintrag thun auch keine Person der andern.

Von gemeinen Statuten und Ordnungen — und wie fern dieselbe sollen oder mögen geändert werden.
S. 89 = 98.

Alle Statuten der gemeinen Universität sowohl als der besondren Facultäten und Burßen sollen nach dieser Reformation eingerichtet und jede an ihrem Ort nach den Vacantien öffentlich vorgelesen werden, damit sich niemand mit der Ignoranz zu entschuldigen fähig ist; alle besondre Facultäten, Burßen und Contubernien aber sollen von ihren besondren Statuten der gemeinen Universität ein Exemplar zum Ærario geben, damit dieselbige davon Wissens habe. Die gemeine Statuten so jährlichs öffentlich recitirt und allen Universitäts-Verwandten in gemein vorgelesen werden sollen, stehen Seite 92 = 98. Siehe Beilage Num. 1.

Von des Rectors und der Universität Pedellen, Notario oder Syndico — und Bibliothecken. S. 99 ‒ 114.

Unter des Pedellen Pflichten, welche S. 99 ‒ 103. beschrieben werden, ist auch die, daß er die Bibliothecken sauber halte und ohne Erlaubnis niemand hinein führe. Der Notarius soll ein Discipulus Juris und wo möglich Magister Artium seyn, allen Consilien beiwohnen, die Sentenzien fleißig notiren und bei Aussendung in Geschäften alles treulich verrichten. Zu den Bibliothecken sollen Rector und vier Decani jeder einen Schlüssel haben und uff Begehren auch solchen einem Professori publico geben — doch soll keinem erlaubt seyn ein Buch nach Hauß zu nehmen und wer eines veruntreuet, soll von der Universität ausgeschlossen werden.

Von einem gemeinen Hospital oder Sech-hauß. S. 114 ‒ 116.

Dasselbige soll zum Behuf armer kranken Studenten erbauet werden, und zwar von dem Geld, das von denen einige Zeit her

vacirenden Lecturen und Präbenden eingegangen.

Der zweite Theil dieses Werks handelt
von den vier Facultäten insbesondre.
Seite 119-425.

Von der Theologen-Facultät inson-
derheit. S. 119-182. Vom Consilio
und Rath dieser Facultät.
S. 120-123.

Alle diese Facultät-Ordinarii sollen den Gradum Doctoris entweder zu Heidelberg oder auf einer andren Universität annehmen, und unter dem Sigill dieser Facultät nichts ausgehen als was von den drei Ordinariis genehmiget worden, ausgenommen was Jura Decani sind, z. B. Testimonium der erlangten Graduum. Die Negotia Scholastica, als Disputationes, Præsentationes und Promotiones sollen unter ihnen abwechseln und keiner den andren in dem ihm zustehenden Geschäffte und Einkommen hindern.

Der

Der Eyd den jeder der zur Facultät aufgenommen wird leisten soll, stehet S. 121 und 22. S. Beilage Num. 3.

Vom *Decano Facultatis Theologicæ*. S. 123 - 127.

Da bisher gewöhnlich gewesen, daß der älteste dieser Facultät dieses Amt beständig bekleidet, so soll nun dieser Brauch abgeschafft und alle Jahr der würdigste dazu erwählet werden. Wenn die Facultät über diese Wahl uneinig wird oder gleichstimmig ist, so soll die ganze Universität darinnen entscheiden. Der Eyd, den er nach der Wahl schwöhren soll, stehet Seite 126, und verpflichtet ihn, über den Gesetzen der Facultät zu wachen, nichts, ohne Mitwissen der Universität darinnen zu ändern, dieselbige jährlich zu verkündigen, die Lectionen, Disputationen und Promotionen; mit der Facultät übrigen Mitgliedern wohl zu ordnen, und das was bei der Facultät geschiehet, getreu in die Acten zu schreiben, und des Siegels sich nur in erlaubten Fällen zu bedienen, und über die Sitten und Studia aller

aller zur Facultät gehörigen Acht zu haben, u. s. w.

Wie und was für Professores zu dieser Facultät soll und mögen angenommen werden. S. 128 = 135.

Drei Ordinarii legentes, wovon der eine über das neue, der andre über das alte Testament und der dritte über die Locos communes, (dergleichen Ambrosius, Augustinus de Spiritu & Litera und andre mehr) lesen solle; dabei soll der erstere in der griechischen und der andre in der hebräischen Sprache wohl erfahren seyn, eines christlichen Wandels — alle aber sich befleißigen, in kein weg mit unothigen unnüzen Fragen, geträumbten Opinionen, verwirrten Sophismaten, noch weitläuftigen Ausführungen und überenzigen Gloßematen sich aufhalten; sondern den Text nur fleißiglich und verstendiglichen exponiren, wo vonnöthen, mit approbirten Schriften und kurzen Auszügen verkleren, auch zufallende Zweifel zum geschicklichsten Solvim, das übrige den Scholasticis und derselben

Le-

Legenten und Anhang überlassen, sonst sich der Augspurgischen Confession, und derselben Apologi, sammt unser Kirchenordnung 20) der Lehr und Ceremonien halb zu verhalten.

Von den Lectionibus und zu welchen Stunden eine jede soll gehalten werden. S. 135 # 140.

Es soll der Primarius übers neue, Sommers von 8=9, Winters von 9=10, der Secundarius Sommers von 6=7, Winters von
7=8

---

20) Otto Heinrich gab zwei Kirchenordnungen heraus. Die eine in der Oberpfalz, und die andre in der Pfalz am Rhein, verfertiget, wobei zu merken, daß in der einen die Lehre der strengeren Lutheranern der damaligen Zeit, in der andern aber die gelindern Meynungen des Philipp Melanchtons zu finden: S. Miegs Bericht von der Reformation in der Pfalz. S. 42. Struv in seiner Kirchengeschichte Kap. IV. und Löscher in der ausführlichen Historia Motuum läugnen dieses zwar, aber ich finde nicht, daß sie die Gründe von Mieg völlig wiederleget.

7-8 übers alte Testament, und zwar in zwei Stunden in der Woche grammatice, in den andern Stunden aber explicative, lesen; der dritte über die Locos communes Nachmittags von 1-2 Uhr — allwegen aus der apostolischen Schrifft, oder aber den eltisten, berümptisten und der Apostel-Zeit am negsten und gleichmessigsten Lehrern.

Der Mittwoch und Sambstag ist frey, ausgenommen wenn ein Feyertag in der Woche vorfällt, so soll dafür auf den Mittwoch gelesen werden.

Von Besoldung der dreyen Professorn in Theologia auch von den Häusern Seite 140-145.

Der erste soll 250, der andre 200, der dritte 160 Gulden bekommen und jeder eine freye Wohnung; das Geld soll zu zweien Fristen, als uff Joannis Baptistæ und Nativitatis Christi jährlich entrichtet werden; weil der alte Fiscus dazu nicht hinreichend, so sollen alle der Universität gehörige Präbenden an den Stifftern, zu Worms, Speyer, Heidelberg, Wimpfen, Moßbach, Neustatt und

und wo sie gelegen eingezogen und in den gemeinen Seckel gethan werden, um daraus die Theologen und andre Professorn zu bezahlen; auch will der Kurfürst sorgen, bei obgemeldten Stifftern ein gewisse und namhafte Summam Gelds, für und an statt der berürten Canonicat und Præbenden zu erlangen, damit fürther der Fiscus seiner Einkommens und Gefelle bestendige Wissenschaft habe, und sich desto weniger Bevortheilung bei den Stifftern sey zu besorgen.

Von Disputationibus Ordinariis und lateinischen Senioribus. S. 145-150.

Alle halb Jahr soll disputiret werden, um sich zu üben, nemlich den Sambstag nach Pfingsten und den Sambstag nach St. Andreas-Tag, jedoch gratis ohne Beschwehrung des Respondenten; bei dem Præsidio wechseln die Professorn ab und jeder Præses erhält für seine Bemühung 1 Gulden. Will niemand respondiren, so soll der älteste Discipul ex officio dazu angehalten werden; lateinische Reden aber sollen Professores oder Discipuli halten, uff die Vigilias

gilias Nativitatis Christi, paschalis, pentecostes, item purificationis, visitationis, & annunciationis Mariæ, Joannis Baptistæ.

Wann und zu welcher Zeit in diser und allen andern Facultäten Vacants soll und möge gehalten haben.
S. 151 - 155.

Alle Sonntag — vom Abend St. Thomä bis uff den 3ten Tag nach Nativitatis Christi — der Jahrstag genannt Circumcisionis — der Oberst Epiphaniæ genannt. — In der Carwoche, vom Mittwoch an bis uff Mittwoch nach dem Ostertag inclusive; die Himmelfarth Christi — der Pfingsttag samt folgendem Montag — Purificationis, Annunciationis & Visitationis Mariæ — Aller Apostel Tag — Joannis Baptistæ, Michaëlis, Archangeli; jeder Mittwoch und der Sambstag um der Artisten-Disputation auch Markttags willen. Von Esto mihi bis uff Invocavit, als wo die Rechnung der Universität abgehöret wird; in den Hundstagen vom 13ten July bis uff Laurenti den 12ten August. Im Herbst

Herbst von Vigilia Michaëlis, bis uff alteram Dionysii.

Von Straf der versaumbten Lection und Disputation in Theologia. S. 155-157.

Die zwei Ordinarii für jede versaumbte Lection 30 Kreuzer, und der dritte, wegen geringerer Besoldung 15 Kreuzer, wenn einer auch mit Bewilligung des Rectors und der Universität über 3 Tage verreißt, und über Tage weg ist, soll er sich oder die Universität ihm einen geschickten Substituten stellen, und von seiner Besoldung zahlen; wer aber als Præses zu disputiren sich weigert, soll 1 fl. zahlen und das Geld fällt zu 2 Drittel dem gemeinen und zu 1 Drittel dem Facultæts-Fisco zu.

Von den Lectionen deren so nit Ordinarii Professores seint. S. 157-58.

Soll niemand verbotten seyn wenn er tüchtig dazu ist, doch mit wissen des Decani, und in keiner Stunde wo Ordinarii lesen. Unentgeltlich kann er's im Auditorio, wenn er aber von den Audienten Lohn fordert, muß er es zu Hauße thun.

Von den Promotionibus in Theologia, dem Baculariat, der Licentiatur und Doctorat. S. 158-175.

Niemand soll einen Gradum bei dieser Facultät erlangen, er seye denn zuvor Magister der freyen Künsten; ist er das nicht, so soll er zwei Jahre länger auf den ersten Gradum, nemlich des Baculariats warten. Zuvor soll aber jeder, der diesen Gradum sucht fleißig examiniret werden in der christlichen Lehr, damit kein Unwissender diese Würde erhalte, und der Examinator soll sich allezeit erst verflichten gewissenhaft dabei zu handeln und allein auf Geschicklichkeit achten; und untersuchen, ob der Discipul auch schon in disputationibus respondiret und wenigstens viermal an den Fest-Abende öffentliche lateinische Reden gehalten habe? — Darnach soll lezterer sich verbinden, das wenige, was die Facultäts-Gesetze bei Erhaltung des Baculariats von ihm fordern, willig zu zahlen, auf der hohen Schule nicht anders als mit Erlaubniß des Decans und der

der Facultät zu lehren oder zu disputiren, und diesem auch in allem was gerecht und billig zu gehorchen und sie zu ehren. Trachtet er nach der Licentiatur so soll er sich deßfalls geziemend melden, und umb die Præsentation anhalten: diese aber soll ihm nicht ertheilet werden, alß bis er geschwohren, die Magister- und Doctors-Würde 21) nirgends als auf dieser Universität zu suchen, nach den Schriften der Aposteln, und der Augsburgischen Confession allein zu lehren, und nichts was dagegen streitet auszubreiten u. s. w. 22) Nach erhaltner Würde giebt er dem Cancellario und den Doctoren ein maß Clareth und ein maß gemeinen Weins und ein Pfund Confect.

Zum Doktorat soll niemandt gelangen, er seye denn eines rechten gestandenen

---

21) Licentiatur bestehet in der Macht Magister und Doctor zu werden.
22) Was folget, ist das, was sie gegen die Facultät vor Pflichten auf sich haben — und ist schon bei den Bacalaureis angeführet.

denen Alters und Verstandts, auch sonst seins Lebens Herkommens und Wesens, ehrlich, unbeleumpt, und unsträfflich. Nach dem Spruch, der da sagt: *Sic lucet lux vestra coram hominibus &c.*

Von dem Fisco dieser Facultät. S. 175 - 177.

Jeder Professor soll ein besondres Schloß mit einem besondren Schlüssel dazu haben, daß keiner ohne den andren ihn öffnen oder verschliessen kann; von allem Geld, das bei Promotionen, Dispensationen u. d. gleichen fällt, kommt 1 Drittel in den gemeinen, 1 Drittel in diesen besondren Fiscum und 1 Drittel wird unter den Facultäts-Verwandten getheilet.

Vom Aufnehmen frembder Doctorn in die Facultät. S. 177-178.

In so fern er nicht Bullatus ist, sondern auf einer ordentlichen Universität promovirt, soll er sein gebührlich Zeugknuß Disputation und was dergleichen vorbringen, der Facultät 3 und dem Pedell 1 fl. zahlen, und wie die übrige Pflichten leisten.

Ein

Ein gemeiner Punkt das Amt dieser Facultät belangendt. S. 179-180.

Der Theologie Professoren sollen schuldig seyn, wohl uffsehens zu haben, daß die Prediger in der Stadt Heidelberg, in ihren Predigten nichts ungeschicktes, oder ungereimptes, wider die rein und lautere Evangelische Lehr fürnemen oder lehren.

Statuta ac Leges facultatis Theologicæ stehen S. 180-182, und sind völlig aus dem was oben gesagt worden, gezogen.

Von der Juristen-Facultät insonderheit. S. 183-235.

Diese Verordnung hat die nemliche Ueberschriften, wie die von der theologischen Facultät und auch sehr vieles mit derselben gemein. Ich werde also nur das anführen was ihr eigen ist, so wie ich auch mit der medicinischen und philosophischen Facultät thun will.

Im Eingang wird bemerkt, daß die Facultät, welche bisher in zwei Theile abge=

theilet ward, nemlich in die Lehrer des ca=
nonischen und des Civil=Rechts, nun eins
seyn sollten; als welches auch in Schriften
schon aus dieser Reformation bewiesen wor=
den. 23)

Zu dem Consilio oder Rath der Facul=
tät sollen alle Ordinarii Legentes gehören,
sie seyen Doctoren oder Licentiaten, und die=
sen soll erlaubt seyn vor sich zu advociren,
in so weit es sie in ihrem Amte nicht hindern
wird.

Die vier Ordinarii (denn mehrere sollen
nun nicht mehr seyn 24) sollen lesen in
folgender Ordnung; der erste über den Codicem, der 2te über das 2te Buch der
Decretalien, der 3te über die Pandecten
und der 4te über die Institutionen; dem
zwei=

---

23) S. Wund Pr. IV. de Orig. & pr. Facult.
Jurid. pag. 17. §. 48.
24) Zu den Zeiten Friderici I. und der fol=
genden Kurfürsten bis auf Otto H. waren
mehrere Lehrer in dieser Facultät; aber sie
wurden auch stark in kurfürstlichen Geschäf=
ten gebrauchet, wie aus Kremers Geschichte
Frid. I. zu ersehen und noch mehr aus
Wunds Pr. de Or. &c. aber dieses hob der
Kurf. Otto H. auf.

zweiten soll aber nicht erlaubt seyn ausserhalb des libri secundi decretalium etwas fürzunehmen, es seye denn mit Wissen des Decans und der Facultät und zwar so, daß unserer wahren christlichen Religion nichts zuwider gelehret werde; die jährlich vier ordinaire Disputationen ex Jure, worunter eine ex decretalibus, sollen festgesezt seyn, auf Mittwoch nach Epiphaniæ, Quasimodogeniti, Chiliani und Dionysii.

Wer Bacalaureus in beiden Rechten werden will, soll wenigstens drei Jahre fleissig Collegia juridica hier oder anderswo gehöret haben. 25) Zur Licentiatur soll niemand zugelassen werden, er habe denn nach dem Bacalaureat noch zwei Jahr Collegia gehöret, und zweimal ordinarie und und zum lezten extra ordinarié pro gradú disputiret; doch ist es nicht nöthig das Bacalaureat anzunehmen, und er soll doch Licentiat werden, wenn er denn sechs volle Jahre

---

25) Es ist nicht richtig, wenn in Pr. V. de Or. & Pr. Fac. Jur. gesagt wird, daß in Otto H. Reformation dieser Gradus ganz aufgehoben worden.

Jahre dem ganzen Cursu juridico gewidmet; will er hernach auch die Doctorwürde in beiden Rechten annehmen. So hat er der Universität dreißig Gulden zu bezahlen.

Satuta facultatis juridicæ, singulis Annis Discipulis proponenda stehen S. 632 — 235.

Von der Facultät der Aerzten insonderheit. S. 236—281.

Von den 3 ordinairen Professoren soll der erste in Therapeutica; der andre in Pathologia, und der dritte in Physiologia lesen, auch, weil die vornehmsten Aerzte, als Hyppocrates und Galenus griechisch geschrieben, keiner zum Professor angenommen werden, der diese Sprache nicht gründlich verstehe.

Diejenige Professores, welche eine starke praxin haben, sollen ihre Schüler auch dazu anweisen, ferner, mit Ihnen die Kräuter fleißig sammlen, sie in die Apotheken führen, und ihnen die simplicia anschauend zu erkennen geben, bei Erklärung der Anatomie sich auch der Körper der hingerichteten Missethäter benuzen, u. s. w.

Sta-

Statuta communia Facultatis medicæ singulis Annis a Decano promulganda, stehen S. 279 — 281.

Sie sind denen von den Theologen und Juristen, was die Pflichten gegen die Facultät anbelangt, ziemlich gleich; sonst ist es aber wohl hier noch der Bemerkung werth, daß die Professors fleißig die Apotheken zu besuchen beordert wurden, und auch darüber wachen musten, daß keine ungeschickte Wundärzte, noch viel weniger Empyrici, als Landstreicher, Juden und dergleichen sich unter dem Volke einschleichen mögten.

Von der Artisten Facultät insonderheit: S. 285 — 425.

In dem Eingang wird behauptet, daß die philosophische Facultät, oder die der Artisten, am nothwendigsten, weil sie Anlaß giebt die übrige Wissenschaften erst recht zu verstehen; daher die Verordnung darüber auch am umständlichsten, und, wie ich oben 1 Th. Kap. I. §. 2. schon gesagt, überhaupt leicht daraus zu ersehen, daß sie im Geiste

Geiste Melanchtons oder wenigstens einer seiner Schüler aufgesezt seyn.

Von einem Weg und gleicher Lehr in dieser Facultät zu halten. S. 286 — 288.

Die Secte der Realium und Nominalium soll völlig aufgehoben seyn, wie Kurfürst Friedrich 11) schon verordnet, und alle Burßen in eine zusammen gestoßen werden, und die Philosophie auf eine Art gelehret werden. 26.

Wie

---

26) Mit welchen elenden Wort-Klaubereien sich diese beide Secten beschäftiget, und wie traurig damals die Philosophie gestaltet war, davon giebt ein schönes Beispiel aus den Acten der sel. Schönmetzel, in dem Kap. 1. §. 2. angef. pr. von 1771, und daß ihre Strittigkeiten untereinander die Heidelberger Universität bis 1545 zerrüttet, zeigt Wund in pr. de ord. phil. S. 20. die verschiedene Burßen, deren zu Zeiten des Kurf. Philipps 3 gewesen, (nach dem Rayser im Schauplatz. S. 113. §. 12.) nemlich die Dionysianische für die Armen, die Schwäbische und die neue Burße, haben daran den

grösten

Wie diese Facultät besezt, und welche Lectionen gehalten werden sollen?
S. 299 — 322.

Die Facultät soll fünf ordentliche Lehrer haben, in lingua græca, Ethica, Phy-

---

gröſten Antheil genommen, indem dieſe der einen, und jene einer andern Secte zugethan waren, deren Schüler einander bis auf den Tod haßten und verfolgten. Daher hobe Frid. II. die verſchiedene Burßen auf, und machte aus allen nur eine, wovon nach dieſer Verordnung doch die Dionys ſcheinet ausgenommen geweſen zu ſeyn, weil dieſe auch unter Otto H. noch ihre eigne Statuten erhielte. Was der Nahmen Burß ſagen wollte, zeigt wohl am beſten *Launoe jus* Tom. I. Academiæ pariſienſis illuſtratæ (Paris 1682. 4.) wo es heißt S. 51. „Stipendium dicitur *Burſa*, nomine tunc „communi iis Omnibus, qui pecuniæ ſum„mam aliquam pro laboris mercede vel pro „Victu acciperent: quare ſtipendiarii ſeu „qui ſtipendium, ſeu pecuniam illam acci„piunt, dicuntur Burſarii. Burſa & Bur„ſarii non antiquæ, ſed recentioris ſunt „Latinitatis Nomina, quæ ad Vitia ſermonis

Physica, Mathematices, Oratoria &
Poësi. 27)

Der erste soll über die beste griechische Authores lesen, z. B. Homer, Hesiod, Theocrit, Pindar, Herodot, Xenophon und andre; dieser Sprach Grammatic aus dem Demetrio Chrysolora, 28) oder Urbano; die Construction aber aus dem Apollonio, Gaza, oder Georgio Locapleno.

In

„nis pertinent, sed quibus posterior assue-
„facta est ætas. Qui dicuntur Bursarii, di-
„cuntur quoque Socii, quod societatem in-
„vicem habeant, simul versentur, simul vi-
„vant, simul maneant." Im ersten Sinn konnte also die Dionys eine Burße genannt werden — in andern aber auch die übrigen Collegia.

27) Siehe auch: Wunds pr. II. de Ord. phil. p. 25. not. 80. wobei zugleich bemerket wird, welches auch in dieser Verordnung stehet, daß Grammatic. Rhethoric und Dialectic. privatim zu Hause gelesen wurde.

28) Dieser Mann hat, nach dem Hamberger in den kurzen Nachrichten 2 Band. S. 1774. den Ruhm, daß er den Occident zur Kentniß der griechischen Spache gebracht; Selbst Reuchlin und Erasmus lasen über seine Schrift: Erotemata grammatica.

In Ethica ſollen gebraucht werden Ariſtoteles ad Nicomachum, Cicero de finibus bonorum & malorum.

In Phyſica, die Principia Cauſæ, Motus Elementa und Mixtiones; Item Anima Melanchtonis, Meteorologica Plinii, Pontani und andrer.

Der Mathematicus ſoll zum erſten die Arithmetic, volgends ſpheram Procli, oder Joannis de ſacrabuſto; des andern Jahrs gleichermaſſen, primum Euclidis oder Elementale Joh. Vögelini und die Theoricas planetarum behandeln, und alſo in zwei Jahren über Arithmetic, Geometri und Aſtronomi leſen; und ſo er ſich der Arbeit nicht mögte dauern laſſen, ſo mögte er auch obiter von der Muſic, ſo viel derſelben Theorie und die proportiones harmonicas belange, anzeigen.

Der Profeſſor Poëſeos und Oratoriæ ſoll die beſten Redner und Poeten fleiſſig fürnehmen; und nicht allein die Vocabel, ſondern auch die Tractation, ſonderlich was die Scanſion und Proſody der Vers belangt, emſig expliciren, und dabei in Hiſtoria etliche Bücher aus dem Livio und Cæſare erklären.

Die übrige Wissenschaften zu dieser Facultät gehörig, als Dialectic, Rhetoric und Grammatic soll von den Regenten in den Contubernien dociret werden.

Was Disputationes anbelangt, welche von den ordentlichen Professoren alle Samstag anzustellen, soll es übrigens wie mit den andern Facultäten gehalten werden.

Von den aigen und sonderlichen Uebungen der Regenten in den Burßen.
S. 334 — 341.

Diejenige, welche in den Burßen noch keine Bacalaurei sind, sollen alle 14 Tage Mittwochs frühe etliche von den Regenten aufgegebene Exercitia bearbeiten, und zwar in prosa sowohl als in Versen — doch so, daß das Argument nach Art der Alten, die progymnasmata geschrieben, wie bei den Lateinern Fabius und Priscianus und bei den Griechen, Theon und Aphthonius, Ihnen fürgeleget wird.

Diejenige welche Baculaurei sind, sollen aber dieses Tags Nachmittag Disputationes privatæ und Contuberniales halten, wobei der oberste Regent in Dialecticis præsi-
dirt

dirt — und den folgenden Mittwoch, der von Disputationen frei, sollen unter dem zweiten Regenten in Rhetoricis Orationes declamiret werden, ex historiis über Laudes Principum, Virorum doctorum, Virtutum u. d. gl. Samstags Morgens sollen alle Bursani den öffentlichen Universitäts-Disputationen, die ex facultate Artium gehalten werden, beiwohnen. — Von 12-1 Uhr von dem ältesten Regenten eine Erklärung über den lateinischen Catechismum Lutheri oder Melanchtonis anhören — und Nachmittags zur Pflegung des Leibes Nothdurst anwenden.

Von den Promotionen in der Artisten-Facultät. Seite 345 — 406.

Wenn einer Student, und in die Burße aufgenommen werden will, so soll ihn zuerst der Depositor 29) mit den gewöhnlichen

---

29) Dieses war ein besonderes Amt in den Burßen; wer ihm vorstunde nahm alle die in die Burßen wollten, auf — durch sehr son-

Gebräuchen dazu aufnehmen, wobei jedoch die unsittliche abgeschafft seyn sollen, und dem Magister übergeben, der ihn examiniret und seine Lectiones, in dem Contubernio in der Grammatic, Dialectic und Rhetoric, und außerhalb bei den Publicis Professoribus, in lingua græca, Poësi, Ora-

---

sonderbare Gebräuche, welche völlig das Gepräg ihres Zeitalters an sich haben. Es müssen etliche sehr unschickliche dabei gewesen seyn, weil es heißt, daß die junge Leute nur zur Bäuerischen, unzüchtigen Barbarei dadurch gereizt und bewegt würden; die welche man noch beibehielte, sind auffallend genug — als z. B. Dejectio Cornuum, Evulsio Dentium, Voci- sive Cantus periculum. Man suchte sie dadurch zum Guten anzuwenden, daß der Depositor verpflichtet ward, Ihnen eine gute Deutung zu geben, und dem aufgenommenen zu sagen, daß Sie ihn nichts anders lernen sollten, als alle Wildheit, Unreinigkeit, grobe und unzüchtige Gebehrden abzulegen, und nach Weisheit und guten Sitten zu streben. Sie kamen ohne Zweifel aus dem mittlern Zeitalter, wie so viele von der Art, die noch bei den Annahmen in die Zünfte gebräuchlich sind.

Oratoria und Historia anweisen. Wer Bacalaureus in Artibus werden will, soll anderthalb Jahr oben benandte Lectionen besucht haben, wer aber Magister zu werden sucht, soll zuerst, nach dem Baculaureat noch zwei Jahre Physica, Ethica, Mathematica hören, und darinnen wenigstens viermahl bei den Disputationen respondiret haben; der Eyd, den ein Magister ablegen muß, stehet S. 386 und 387, und unter zwanzig Jahr im Alter sollte keiner dazu gelassen werden.

Die Statuta Facultatis stehen S. 412-415 und sind meist aus dem was oben stehet, gezogen.

Diese Facultät hatte auch ihre besondre Bibliothek, und ihren eignen Pedellen. Die Verordnungen, welche darüber ausgegangen, stehen Seite 415 — 425, und wegen der Bibliothek ist dieses besonders dabei zu bemerken, daß die Facultät verbunden war, jährlich dasjenige, was in ihrem Fisco, nach Bestreitung der gewöhnlichen Bedürfnissen übrig bliebe, zur Vermehrung dieser Bücher anzuwenden, und vorzüglich gute Autores in der griechischen und lateinischen Sprache dafür anzuschaffen.

Der

Der dritte Theil dieses Werks enthält, wie oben Kap. 1. §. 2. l. c. schon bemerket worden, die Verordnung wegen den Burᵗ sen und der Dionys. Was die Art der darinn angeführten Studien betrift, ist weitᵗ läufig bei der Einrichtung der Studien in der Artisten-Facultät entwickelt worden; daᵗ her wird auch nur von der Zucht und Oecoᵗ nomischen Verwaltung dieser Stiftungen geᵗ handelt. Ich übergehe daßelbige, weil man das meiste aus den Statutis Domus Dionysianæ in der Beilage Num. IV. erkenᵗ nen kann, und will zur näheren Aufklärung der Heidelberger Universitäts-Geschichte der damaligen Zeit, hier nur untersuchen, wie viel Häuser wohl sich vorgefunden zu den Zeiten Otto Heinrichs, worinnen die Studierende in einer gewissen Geᵗ meinschaft miteinander lebten?

Daß in den ältern Zeiten mehrere Burᵗ sen auf dieser hohen Schule gewesen, habe ich auch schon oben bemerket, so wie auch die Verᵗ fügung Frid. II. der sie abgeschafft, und in eine einzige verwandelt, die Otto Heinrich in dieser Reformation bestätiget, angeführet. Diese einzige wird in dieser Reformation Contubernium majus, oder Principis,

die

die sonst der Realisten-Burß geheißen, genannt. S. 427. Sie hatte ihren obersten Regenten, der ein Mitglied des Universitäts-Senats gewesen, und über alle andre Lehrer in der Burße die Aufsicht hatte; sein Ansehen war sehr groß, und an ihn muste sich jeder wenden, der irgend einen jungen Menschen aufgenommen wissen wollte; Er nahm auch die leztern in Pflichten, legte ihnen die Statuta vor, ordnete die Lectores an den Tischen, die bei dem Essen immer etwas aus der weltlichen oder heiligen Geschichte vorlesen musten, sezte bei allen Uebertretungen der Geseze die Strafen an, und besichtigte jedes Abends die Stuben und Thüren, damit er fände, ob alles in der Ordnung wäre, und verschloße das äußerste Thor; Er hatte auch die Aufsicht über die ganze Oeconomie, und nahm alle dazu gehörige Bedienten an; doch konnte er, wenn er wollte, dazu einen besondern Oeconomum erwählen. Uebrigens stunde diese Burße in der genauesten Verbindung, als welcher auch in Gegenwart eines kurfürstlichen Bedienten jährlich von allem Rechnung abgelegt werden muste, und die daher auch einen dritten Theil der Einkünfte von derselben

(aus

(aus dem Kost- und Logiegeld) in ihren gemeinen Fiscum zoge, weil sie an dem Gebäude die Hauptfehler auf ihre Kosten muste repariren lassen. Das Gebäude selbst ist wahrscheinlich dasjenige, welches Frid. Lucae im europäischen Helikon beschreibet, wenn er S. 564 sagt: „Diese Bursch war „ein ansehnlicher Hof und hohes Gebäude, „von zwei Seiten, zwei Eingänge und mit-„ten einen schönen Springbrun. An den Seiten Mitternachts, hatte die Akademie oben die Senatstube und Archiv, und unten das Auditorium philosophicum von ziemlichem Raum, aber etwas dunkel. Morgenwärts an der Spize war das Prytaneum, ein weitläuftiger Saal, welchen die Theologi zu ihren Lectionibus und Disputationibus bisweilen brauchten, und worinnen gemeiniglich die Convivia Doctoralia und Rectoralia gehalten wurden, auf dessen obern Theil war die Bibliotheca Universitatis, die übrigen Gemächer der Bursche bewonnte der förderste Pedell, und vor ihr Geld die Studiosi.

Das zweite Haus worinnen die Studierende zu den Zeiten Otto Heinrichs gemeinschaftlich miteinander lebten, war das bekannte

bekannte Collegium sapientiæ; aus dem alten Augustiner-Kloster errichtet, und welches diesen Kurfürsten als seinen zweiten Stifter verehrte. Man kann davon nachlesen dessen bekannte Jubelredner, Reuter, Hottinger und Büttringhausen.

Das dritte endlich die Dionysianer Burß, worüber er in dieser Reformation eine besondre Verordnung hat ausgehen lassen. S. 467—494.

Kremer in seiner Vorlesung (Tom. I. Act. Acad. pal. S. 379.) als Tollner in Cod. dipl. S. 132. schreiben den ersten Grund zu der Stiftung dieses Hauses einem Gerlach von Homburg zu, aber irrig. Die beste Nachricht davon gibt uns Schönmezel, in Tentamine Historiæ facultatis Medicæ Heidelbergensis. Nach den Acten hatte es folgende Stifter: a) Colenus, der sein Haus für arme Studenten vermachte. b) Gerhard von Hoenkirch, Doctor der Medicin und öffentlicher Lehrer, auch Rector der Universität 1420 und 1429, und Canonicus bei dem Stift bei dem h. Geist und hernach zu Wimpfen. Er starb 1448. und widmete nicht allein seine ansehnliche Bibliothek, sondern auch ein beträchtliches

J 5 an

an Geld dieser Stiftung. Der Executor seines Testamentes, war Ludwig IV. c) Johannes von Leonberg, welcher 1450 seinen Hausrath, seine Kostbarkeiten, und überdieß noch 100 Goldgulden dazu vermachte. d) Friedrich Steinbock, Bacalaureus in der Medecin. Dieser wohlthätiger Stifter Erben hatten das Recht einen Stipendiaten zu präsentiren, und Otto Heinrich bestätigte es ihnen auch im Eingang dieser Verordnung. Die arme Studierende in diesem Haus waren auch bei allen Graden, welche die Universität ihnen ertheilte, von allen gewöhnlichen Abgaben befreyet, hingegen musten sie nach den Statuten sich genau richten, und nichts, auch in Rücksicht auf die dieser Stiftung eigne Bibliothek veruntreuen. Die Aufsicht über alles, hatte, wie über die übrige Burßen die Universität.

Diese ganze Reformation ist unterschrieben: Heidelberg den 19ten des Monats Decembris. 1558.

Drit=

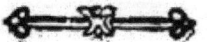

Drittes Kapitel.
Von dem Kurfürsten nach dem 16ten Jahrhundert.

§. 1.
Von dem Kurfürst Karl. Ludwig.
1652.

Daß dieser Kurfürst, der nach dem Ausdruck seines neuesten Biographs 30) die

---

30) S. Versuch des Lebens und der Regierungsgeschichte dieses Kurfürsten. Seit. 201. Was der Rezensent in der all. d. L. Zeitung, Num. 181. bei Beurtheilung dieses Buchs vermuthet, nemlich, daß Fabriz, den Beruf an Spinoza in seinem Brief so eingerichtet, daß er selbst denken konnte, der Philosoph würde ihn nicht annehmen, ist ganz richtig; wenigstens ist der Biograf des Fabriz, Heidegger aufrichtig genug, dieses selbst zu gestehen, de Vita & obitu L. Fabritii. S. 74. Karl Ludwigs Biograph konnte also auch die Sache nicht wohl anders darstellen, und daß Fabriz, der so eifrig an der Vereinigung der beiden protestantischen Religionen arbeitete, seine Duldung nicht

die Sprache Roms und Griechenlands ver-
stand, und die meisten lebenden Sprachen
mit guter Fertigkeit redete, und die Wissenschaften, zu deren Erlernung er in seinen
jüngeren Jahren einen so guten Grund geleget hatte, nicht nur zur Erholung und Belusti-
gung, in seiner sorgenvollen Regierung, sondern auch zur Erweiterung seines politischen
Gesichtskreises und schärfern Einsicht vieler
Dinge, worauf das Glück und die Wohl-
farth eines Volks beruhet, gebraucht, auch
um seine Universität große Verdienste hat,
ist allgemein bekannt. Ich will also nur
kürzlich derselbigen erwähnen, und auf die
Männer, die uns eine vollständigere Nachricht davon gegeben, hinweisen.

Er

---

nicht bis auf den Spinoza ausdehnen
konnte, wird ihm wohl in seinem Zeitalter
zu verzeihen seyn, besonders da der Lehr-
begrif des Spinoza doch immer sehr gefär-
lich war, um ihn weit auszubreiten, denn
dies war wohl seine fürnehmste Bedenk-
lichkeit dabei. S. Heidegger S. 71.

Er errichtete den 1ten Nov. 1652 wieder die hohe Schule, 31) weil sie in den traurigen Zeiten des 30jährigen Krieges so vieles gelitten, daß sie einer neuen Aufrichtung bedurfte; suchte den Verlust der herrlichen Bibliothek, durch den Ankauf neuer Bücherschätzen zu ersezen, 32) besezte die Lehrstühle in den verschiedenen Facultäten, mit auswärtigen berühmten Männern, 33) und

---

31) Von den Feyerlichkeiten womit diese Handlung unternommen wurde, handelt Rayser im Schauplaz S. 138. §. 28. und Buttinghausen in pr. de Carolo Ludovico, vom J. 1769.

32) Außerdem daß die ansehnliche Bibliothek von Freher und Parnus gekauft wurden, schenkte der Kurfürst derselbigen auch viele Bücher. S. Andreæ in Riesmanno redivivo S. 212. not. W. Was diese Bibliothek vor Schicksale zu Ende des vorigen Jahrhunderts bei der Zerstörung der Stadt Heidelberg gehabt, kann ich nicht sagen.

33) Am umständlichsten findet man sie angezeigt bei Andreæ am angef. O. S. 216. 228. ich vermisse darunter dem Seobald Ja-

und errichtete, wo er es nöthig fande, zur Ausbreitung der Wissenschaften, auch ganz neue Lehrstühle, wie er so den Deutschen den ersten Lehrer im Natur = und Völkerrecht gegeben; 34) Aber daher wird auch wohl bemerket 35), daß die Universität Heidel-

---

Fabriz, den älteren Bruder des Ludwigs Fabriz, von dessen seltnen meist historischen Schriften eine ausführliche Nachricht ertheilet, FREYTAG in Adparatu litterario Tom. III. S. 610 — 612. wo aber doch etliche fehlen, welche in unsre vaterländische Literatur einschlagen, als z. B. der Panegyricus in Danj. Tossanum juniorem, und die Ralatio historica de Catechismo Heidelbergensi, welche der Dissert. die Crocius unter dessen Præsidio 1659 de Catechesi palatina hielte, angehängt ist, dessen Syntagma historicum, de Friderico primo, Electore palatino, das sich noch in der Handschrift vorfindet, gedenket Kremer in der Vorrede zu der Geschichte dieses Fridrichs; Er konnte es bei seiner Arbeit nicht brauchen, weil es Tabellenmäßig eingerichtet ist, sehr kurz und ohne Beweis.

34) Siehe Andreä am angef. O. S. 216. not. y.

35) S. Lucae Europäischen Helikon. S. 374.

delberg von diesem Zeitpunkt an, bis auf 1690 die glänzendste Epoche gehabt, nemlich in solchen grosen Männern, 36) welche theils in dem ihnen angewiesenen Fache eine neue Bahn gebrochen, theils eine bessere Lehrmethode eingeschlagen, oder doch durch lichtvolle Darstellung und Verbindung eines eleganten Vortrags mit gründlichen Einsichten sich manches Verdienst um die Wissenschaften

---

36) S. oben angef. Versuch der Geschichte seines Lebens und seiner Regierung. S. 92. Die Denk = und Preßfreiheit hatte freilich auch etliche Mißgeburten herfürgebracht, wie die Vertheidigungen der Polygamie von Beger und Boeckelmann — Aber wer wollte des kleinen Uebels wegen, die übrigens herrliche Folgen dieser großen Vorzüge, welche das Zeitalter dieses Kurfürsten dadurch genösse, mißkennen? Von den Verdiensten der Theologen der damaligen Zeit wird bei dem Jubileum dieses Jahrs Herr Kirchenrath und D. Heddæus handeln, in Oratione: de Virtutibus & meritis Theologorum Reformatorum, qui proxime elapso seculo Academico nostram hanc sapientiæ officinam doctrinæ & pietatis suæ luce collustrarunt.

ten erworben haben; unterscheiden muste sich freilich jeder Lehrer unter seiner Regierung, wenn er anders seiner Gunst versichert seyn wollte, denn er haßte, wie sein Biograph bemerket, die bloße Nachbeter eines erlernten Systems und blinde Verehrer väterlicher Meinungen.

§. 2.

Von dem Kurfürsten Johann Wilhelm.

Ich besitze in der Handschrift: Oratio Funebris in obitum divi *Johannis Wilhelmi, Comitis Falasini Reni.* 40 Blat in 4. Sie ist von dem sel. Kirchenrath und Prof. Pastoir 37) nach dem Tod des Kurf. ge-

---

37) Der Verf. welcher 1760 starb, war im J. 1700. als Professor zu Rinteln schon Schriftsteller und gab allda eine Dissertation heraus, de Præsulibus Italis ad Concilium Tridentinum Missis, welches von seiner Stärke in der Kirchengeschichte zeuget, so wie seine bekannte Panegyrici, welche Joannis anführet in seiner Vorrede S. 47, 48. von seiner Stärke in der lateinischen Sprache und Beredsamkeit.

gehalten, aber nicht gedruckt worden, und gehöret also zu dessen Schriften, welche Büttingh. angezeigt in der Sammlung einiger Beiträge zur Erläuterung der allgem. besonders gelehrten pfälzischen Geschichte. S. 21. Blat 24 handelt er umständlich von den Verdiensten des Kurfürsten um die Universität, als welche er nach der traurigen Zerstörung in der Pfalz zu Ende des vorigen Jahrhunderts wieder aufgerichtet und in ihren alten Zustand wieder zu versetzen gesucht hat. Er schenkte ihr zu dem Ende die von dem großen Graevius hinterlassene Bibliothek; 38) sorgte dafür, daß ihre **Einkünfte**, wovon verschiedene durch den Krieg vieles gelitten, wieder richtig an dieselbige abgetragen würden, wie er sich deswegen auch öfters an die Stifter wendete, um die der Universität zustehende Präbenden nach ihrem ganzen jährlichen Ertrag 39) einzuliefern, und bauete

von

---

38) S. oben 2. Kap. I. Theil. §. 3. die lezte angeführte Rede, welche L. Croll bei dieser Gelegenheit gehalten.

39) S. Jus Universitatis Heid. Urbi & Orbi ostensum, S. II. §. 31.

von 1712 40) an das neue Universitätshaus, besonders den großen Saal, worinnen die öffentliche Disputationen und sämtliche feyerliche Verhandlungen gehalten zu werden pflegen und der noch nach seinem Namen, Aula Wilhelmina, genannt wird. Das ganze Gebäude wie es jezt da stehet, wurde unter dem Kurfürsten Karl Philipp 1735 vollendet.

§. 3.

---

40) Ich besitze in der Handschrift eine Beschreibung von Heidelberg von dem Herrn Regierungs= und Kirchenrath Fuchs, wo von diesem Gebäude umständlich gehandelt wird, so wie auch von dem Herrn Regierungsrath Slad, der in einer academischen Vorlesung die Stadt Heidelberg beschrieben, erstere ist aber viel ausführlicher und eigentlich Berichtigung und Ausführung bis auf unsre Zeit von Kaysers Schauplaz, nachdem Geschmack unsers Zeitalters eingerichtet.

§. 3.

Von seiner jeztregierenden kurfürstlichen Durchlaucht zu Pfalz-Baiern, Karl Theodor, als unter dessen glücklichen Regierung die Universität ihr viertes Jubeljahr feyert.

Mein sel. Bruder der verstorbene Kirchenrath Wund, welcher zugleich Lehrer der Beredsamkeit, der Kirchengeschichte und der philosophischen Wissenschaften auf der hohen Schule protestantischer Seits gewesen, hat bei dem Antritt des Rectorats 1783 eine Rede gehalten: *de Principum erga litteras Favore, optimo Studiorum incitamento*, worinnen er am Ende kürzlich die Verdienste erzählte, welche Seine jeztregierende Kurfürstliche Durchlaucht zu Pfalz-Baiern um diese hohe Schule haben; sie bestehen ausser der großmüthigen Unterstützung, an baarem Geld in einer beträchtlichen Summe, vorzüglich in der Anordnung von vielen neuen Lehrstühlen, damit alle Wissenschaften in ihrem großen Umfang nach den Bedürfnissen unserer Zeit darauf gelehret werden. Der Verf. hatte zwar vor, diese Rede wei-

ter auszuführen und dem Druck zu überge=
ben; indeſſen hinderten ihn ſeine kränklichen
Umſtände, die ihn zum Theil ſchon bei ſeinem
Rectorat überfielen — ſo wie ſein früher Tod
überhaupt der gelehrten Republick noch man=
ches ſchäzbares Geiſtesprodukt geraubet hat.
Ich würde dieſe Rede als eine beſondere
Beilage haben abdrucken laſſen, wenn ich es
nicht für ungerecht hielte, ein Manuſcript
eines Gelehrten, an welches der Verfaſſer
ſelbſt die lezte Hand zu legen gehindert war,
dem leſenden Publikum vorzulezen. In=
deſſen wird es doch wohl den Beifall der Le=
ſer erhalten, wenn ich diejenige Stelle dar=
aus, wovon ich vorhin redete, und die ei=
gentlich hieher gehöret, wörtlich ausziehe und
hieher ſetze. Sie lautet alſo: „Exularunt
„deinde, cum patria noſtra miſerrime
„vaſtata eſſet, ab his regionibus illæ,
„quibus olim tantopere florebant, in-
„genuarum artium ac litterarum diſci-
„plinæ, nec Sereniſſimus *Princeps Ele-*
„*ctor Joannes Guilelmus*, quem pia
„mente *primum Reſtauratorem* ſuum
„agnoſcit hæc literarum Univerſitas
„priſtinam Academiæ auctoritatem &
„bonis literis dignitatem reſtituere po-
„tuit

„ tuit, quod vero egregie expedivit,
„ qui omnium confessione atque judi-
„ cio divinitus nobis datus est indulgen-
„ tissimus Patriæ Parens Serenissimus ac
„ Potentissimus Princeps Elector Pala-
„ tinus, CAROLUS nempe THEODORUS.
„ Etenim si cuncta, quibus Princeps
„ sapientissimus ac munificentissimus
„ omnes omnino artes, inprimis vero
„ litterarum Studia in terris imperio suo
„ subjectis pulcerrime promovit, atten-
„ te perpendes, in eo facile mecum con-
„ senties, verissime & absque ulla adu-
„ lationis specie dici posse, eum hac
„ in re omnes Majores suos, aliosque
„ Principes, literarum Patronos atque
„ Mœcenates longissimo post se inter-
„ vallo reliquisse. Hic ea tantum attin-
„ gam, quæ hanc nostram Academiam
„ spectant. Ac quidem Princeps pru-
„ dentissimus inprimis voluit, ut nulla
„ bonarum literarum ac scientiarum pars
„ Heidelbergæ negligeretur, hinc no-
„ vas historiæ ecclesiasticæ, linguarum
„ orientalium atque Eloquentiæ sacræ
„ Cathedras condidit. Dein quoque ju-
„ risprudentiæ per Germaniam coli so-
„ litæ

„ litæ partes & disciplinas omnino om-
„ nes in hac Academia expolitas esse
„ voluit, adeoque rem judiciariam Im-
„ perii R. G. hic antea nondum frequen-
„ tari solitam primus in eandem induxit,
„ ceterisque ordinis juridici Cathedris
„ peculiarem juris germanici privati &
„ palatini Statutarii, nec non juris prin-
„ cipum privati, seu jurisprudentiæ he-
„ roicæ, ut vocant, professiones addi-
„ dit. Tandem huic optimo literarum
„ nostrarum Statori quoque peculiares
„ ac publicæ Medicinæ forensis atque
„ Chemiæ Cathedræ debentur. Porro
„ is quoque Bibliothecam olim Græ-
„ vianam, nunc academicam haud paucis
„ voluminosis & egregiis operibus au-
„ xit, & hortum botanicum plantis ab
„ omni telluris plaga petitis, locuple-
„ tavit. Denique idem Munificentissimus
„ Princeps noster atque Protector nuper
„ adhuc admodum illustre maximi sui
„ erga litteras favoris exhibuit docu-
„ mentum, etenim Academiæ nostræ
„ præter omnem nostram spem atque
„ exspectationem, prouti probe nostis,
„ V. H. P. insignem pecuniæ summam
„ dono

„ dono dedit, eoque rerum nostrarum
„ gerendarum nervum egregie ampli-
„ ficavit. Pauca hæc sunt ex infinitis
„ iis beneficiis meritisque erga rem lite-
„ rariam, quæ CAROLO THEODORO de-
„ bentur. Tot enim singularis ejus
„ amoris erga literas, omnesque bonas
„ artes immortalia extant monumenta,
„ quot non ornandis dicamus, sed ne
„ numerandis quidem par quisquam esse
„ possit. Quantum enitendum est no-
„ bis, quam difficile impetrandum, ne
„ tanto beneficio, Tibi, Serenissime ac
„ Potentissime Princeps Elector! No-
„ bisque non digni videamur. — Die
Verlegung der Staatswirthschafts hohen Schule von Lautern nach Heidelberg, welche ihr ganzes Daseyn dem theuersten Vater unsers Vaterlandes zu verdanken
hat, und die erst nach dem Tod des Verf.
fürgenommen wurde, gehöret gewiß mit zu
diesen Verdiensten, und daher verweise ich
den Leser zugleich auf die Nachricht an
das Publikum, welche der verdienstvolle
Director dieser hohen Schule 1784 hat ausgehen lassen. Man wird finden, daß die
neue schöne Einrichtung des Senats, S. 19.

K 4 etwas

etwas gleiches hat, mit dem besondern Rath, welchen schon Otto Heinrich gestiftet und wovon die Reformation handelt, die ich in dieser Schrift in einem vollständigen Auszug mitgetheilet habe; doch die Jubelredner bei dem bevorstehenden Feste werden von diesen großen Verdiensten unsres besten und menschenfreundlichen Fürsten um die Universität weitläufiger handeln; ich freue mich schon darauf und wünsche nur, daß der Himmel noch lange seinen reichen Segen über unsren theuersten Landesvater und seine hohe Schule ausgiessen möge!

I.

I.

Puncten und Artickhel, so ein jeder neu gewölter und angehender Rector *juriren* oder schwören soll.

Quod velit officium suum, quoad poterit ac sciet, fideliter persequi. Omnia ad utilitatem & laudem cum universæ Scholæ, tum singularum facultatum, sine dolo & fraude administrare. Neque in præjuditium aut damnum ullius facultatis, per se, vel per alios, aperte vel occulte, quicquid moliri: Sed pari favore ac studio omnes ac singulas illas fovere: & quod jus cujusque est, id integrum atque illesum pro virili sua parte servare. Leges præterea & Constitutiones Universitatis, privilegia item & immunitates, quoad fieri potest tueri, audentes contra aliquod pro eo atque facti ratio postulabit, coërcere, bonos provehere, nocentes punire. Denique quicquid ad profectum & incrementum Scholæ totius

tius & fingulorum, eidem Scholæ conjunctorum, pertinere videbitur, in univerfum accurate ac fedulo facere conari.

Item quod velit intra primum Magiftratus fui menfem, Statuta ac Leges Univerfitatis, convocatis ad hoc fub jurisjurandi Religione omnibus ac fingulis Scholæ Difcipulis, ac membris, pro fuggeftu publice recitare: Bibliothecam ac Libros Univerfitatis recognofcere & recenfere, intra dies quatuordecim a fefto Pafcæ proximos, domus quoque & ædificia univerfitatis adhibitis ad hoc architectis five opificibus infpicere: Poftremo per acto jam Magiftratu, ad rationes accepti, impenfique reddendas, primo quoque tempore paratus inftructusque effe, & fi quid Fifco idem debebit, id omne in eundem fine aliqua procraftinatione ac mora referre.

II.

II.

Statuta ac Leges Universitatis.

1. Ad Universitatem jam primum venientes, intra diem vicesimum apud Rectorem nomina sua profitentor, Jusjurandumque consuetum atque solenne juranto.

Eum qui apud Rectorem professus non est, neque Regentes Contuberniis, neque Cœteri præceptores habitatione mensave accipiunto.

Damnatum, proscriptum que aut alias infamem, nulli Universitati conjunctus recipito, aut clam secum foveto.

2. Qui superiores facultates sequuntur, apud Decanum quisque suum Nomen, aut Studia sua profitentor, eidemque dicto audientes sunto, locis
præ-

præterea inhonestis atque suspectis ne habitanto.

Philosophiæ autem & humaniorum Artium Discipuli, in contuberniis sub Regentibus, aut foris non aliter, quam cum Doctoribus, Licentiatis, aut privatis Magistris ac Præceptoribus suis degunto.

Cum Parentibus aut genere proximis qui habitant, Præceptores privatos quisque suos habento.

A Magistris ac præceptoribus suis, nisi eorundem Consensu ac justis de causis a Rectore & Universitate quoque si opus sit cognitis & approbatis, ad alios nulli transeunto.

Discipulos alienos, promissione ac verbis, aut aliquovis modo inductos atque illectos, Magistri ac præceptores nulli ad se traducento. Etiam sponte ac ultro transeuntes, causa incognita, ne recipiunto.

3. Lectiones discipuli, aut minimum binas, causa justa ac necessaria non prohibente, quotidie audiunto.

Discipulum otiosum desidem ac vagum, Lectionesque ac disputationes nullas frequentantem Magistri ac praeceptores nulli ferunto.

Minervale Contubernales ii, qui infra Magisterium sunt, aureum quotannis regentibus solvunto. Cœteri immunes habentor.

4. Vestitu honesto atque civili omnes ingrediuntor. Vestibus scurriliter aut militari licentia dissectis aut variegatis, aut etiam supra modum abbreviatis incedentem discipulum quidem Regentes ac Praeceptores, Cœteri a Contuberniis & e societate suorum prohibento. Sin idem Magister aut superioris gradus fuerit, ab Actibus Scholæ solemnibus ac publicis arcetor.

5. Armatus gladio vel cultro longiori in fcholam aut per publicum nullus ingreditor.

a vi & injuria omnes abftinento, provocans alium ad pugnandum ex Academiæ focietate excludatur. Noctu abque lucernis poft primam noctis facem, per viam nulli ambulanto, neque poti ultra tempus vagantor. Neque clamoribus ac turbis molefti aliis funto.

Publicum cuftodem, aut vigilem, aut apparitorem nulli cedunto, neque Magiftratum aliquem vi invadunto; qui contra fecerit profcriptionis damnas efto.

Nec fores quisque alienas effringito, nec virginem mulieremve rapito, aut rapienti adefto, aut ipfe Lenocinium exerceto; qui contra fecerit, eadem illa ac fuperiore pœna damnator.

6.

6. a Confuetudine & Converfatione improborum omnes abſtinento.

In Ganeis ac luſtris, cum potoribus, aleatoribus, cœterisque aſotis, ac perditis ne verſantor, vino neque ipſi ſibi ingurgitanto, neque alios ad potandum urgento.

a Societatibus ludisque publicis gladiatorum ac laniſtarum ſe ſe continento.

Neque choreas publicas, niſi ad Nuptias legitime vocati, neque Encennia & Commeſſationes paganorum temere atque extra urbem frequentanto.

7. *Principi* honorem ſuum ac debitum omnes habento. Circa arcem illius neque crebrius obambulando, neque curioſius quicquam explorando ſuſpectos ſe ſe reddunto.

Piſcationes, Venationes, aut aucupia, in iis, quæ principis ſunt, nulli

nulli inftituunto, neque inftituentibus affunto.

Miniftros quoque & fatellites ejusdem neque verbis laceffunto, neque opere provocanto.

8. Ab iis, quæ civitatis funt, vim abftinento, publicum nihil frangunto, aut alio quovis pacto ledunto.

Muros civitatis temere ne afcendunto, qui afcendet, ne tranfilito, fi tranfilierit, profcriptionis damnas efto.

9. Privatorum quoque civium ac incolarum urbis hujus, hortos aut vineas invito aut nefciente domino nulli ingrediuntor.

Prædiis ac poffeffionibus civium, aut eorum miniftris ac villicis injuriam aut damnum ne inferunto.

Damnum quod quis dederit, ei cujus inter eft & quanti refarcito.

10.

10. Pari modi domi & in Contuberniis agunto Nullus alterum ledito. Concordiam ac pacem omnes servanto.

Quod quisque Oeconomo debet, intra mensem ab eo, quo debere coepit, quod Regentibus aut praeceptoribus ad proximas quisque rationes, quod coeteris quibuscunque omnino ante abitum ac descessum suum sine omni tergiversatione ac fraude persolvito.

Fenestras, fores, fornaces & id genus in publicis aedificiis, aut privatis habitationibus. neque frangunto ulli, neque comminuunto, aut alia quavis ratione violanto.

Corruptum, fractum aut coesum, aere proprio restituunto.

Claves adulterinas nulli habento, neque fores Contuberniorum clam vel noctu Regentibus ignorantibus aut prohibentibus ulli aperiunto.

Siquid

Siquid malitiose aut petulanter a quoque tale factum fuerit, non aere solum sed & Carcere mulctator.

11. a Rectore per Apparitorem sive pedellum vocati, omnes ac singuli parento.

Ad causæ, Testimoniive dictionem citati præsto adsunto.

Tabulas sive litteras Rectoris, quatorve Decanorum alicujus sigillo obsignatas & pro foribus Templi aut Contuberniorum affixas, ante tempus nulli refringunto, aut alio quovis modo violanto.

12. Pietatem colunto omnes.

Blasphemj ne sunto.

Cæremonias & res divinas a Christo & Apostolis ejus institutas ac traditas, sobrie. casteque frequentanto. REBELLES & contumaces qui fuerint, primo quidem aere, mox Carcere puniuntor, malitiose autem perseveranrantes, aut etiam in majoribus gravioribusque delictis comprehensi, atque convicti, proscriptione aut Relegatione, pro rei factique conditione damnantor.

III.

Juramentum, ab eo, qui in Collegium Theologicæ Facultatis recipitur, præstandum.

Quod apud Rectorem professus sit.

Quod sit legitime natus.

Quod nulla infamia sit notatus.

Quod Decano facultatis, in quibus honestum est ac licet, obedire, facultatem ipsam & commodum ejus, quoad sciet ac poterit, promovere velit.

Quod

Quod ad Confilium a Decano, vel vicem ejus gerente, accerfitus, fententiam fanam ac certam, ut quæque fuccurret, fine animi privata affectione aliqua dicere, Confiliorum ac Facultatis fecreta celare velit.

Quod denique doctrinas, a fcriptis propheticis & apoftolicis, fine Corruptelis, juxta Confenfum Ecclefiarum auguftanæ Confeffionis intellectis, aliena, neque ipfe docere, aut fpargere, neque aliis docentibus confentire, aut easdem provehere tuerique velit.

IV.

IV.

Statuta Domus Dionysianae.

Quoniam in omnibus negotiis ac rebus primum ac præcipuum esse debet, ut Regnum Dei quæramus eoque omnem operam ac studia nostra referamus, ea de causa instituto ac lege perpetua omnes hujus Contubernii Consortes, tam Magistri quam discipuli, diebus dominicis cæterisque feriis sacris ad Concionem, mane in Templum veniunto, Ceremoniis legitime institutis adsunto, qui absens fuerit, prandio ejus diei careto.

Coeteris autem diebus iidem Contubernales mane surgentes ablutis manibus & ore, pexo Capillo, præcationeque prius recitata, suis ac debitis horis publice quidem Professores quique suos audiunto, privatim autem ac Domi, tum lectiones tum exercitia, pro eo atque hæc vel illa inſtituta ſunt, viſitanto, quod cuique injunctum erit perſequuntor, qui Studio malitioſeve contra fecerint, prandio aut Coena toties privantor.

Diſputationes quoque publicas iidem frequentanto; In quibus, qui infra magiſterium ſunt, audiendo & reſpondendo: Magiſtri autem in artibus quidem, ut minimum alterius ſabbatis ſinguli in reliquis, aut facultatibus pro eo, atque inſtitutum ac ratio cujusque fert, argumentando ſeſe exercento.

Qui ad gradum aliquem obtinendum curriculum ſuum confecerint, eundem gradum ac Titulum, quatenus idonei fuerint, proxima creatione ſuscipiunto. Suscipere detrectantibus præſertim, ſi a quatuor Decanis aut majore eorum parte admoniti fuerint, ſtipendium abrogator.

Magisterii Titulum ac gradum si qui consequuti fuerint eorum, nisi ad certam aliquam facultatem, juxta praescriptam fundationis stipendiique formulam alligati fuerint, pars tertia Theologiam, tertia Medicinam, & tertia Juris scientiam, quadriennium ab accepto Magisterio, nisi fundationis praescriptum ac formula contra aliudve jubeat, eadem hac domo eodemque stipendio deinceps fruuntor, qui Studium propositum injunctumque prosequi recusabunt, a consortio domus stipendioque removentor.

Nulli artes aut disciplinas vetitas exercento, neque ea, quæ a pietate ac Religione vera dissentiant, ullo pacto tuentor.

Conditionem aliam ac meliorem extra hanc domum adepti: locum suum in eadem domo, aliis cedunto, neque geminis eodem tempore stipendiis fruuntor.

Ad mensam in prandio Coenaque singuli coram adsunto. Extra domum aut foris, nisi Præceptorum Consensu, nec ad prandia vel ad coenas, aut etiam alias commessatum eunto, neque rursus alienos aut exteros simili de causa introducunto. Quicontra fecerint, primo quidem, privatione Mensæ, mox Carcere, postremo relegatione a domo pro præceptorum & provisoris arbitrio puniuntor. Ad easdem mensas a principio Benedictio, ad finem gratiarum Actio dicentor, medio tempore unus aliquis per vices Historiam sacram ex Bibliis recitato, coeteri cum silentio & modestia vescentes, auscultanto, cujus rei arbitrium penes seniores Magistros ac præceptores esto.

Vesperi post pulsum Campanæ fores Contubernii clauduntor, domi atque intra cubicula quique sua manento, neque post idem tempus cuique vel
exe-

exeundi, vel ingrediendi poteſtas conceditor: Qui foris pernoctaverit, niſi juſta & neceſſaria cauſa id egerit, carcere punitor, ſi ſæpius idem fecerit, domo excluditor.

Extra Contubernium, qui Contubernii hujus conſors ſit, nullus habitato. Neque extra urbem quisque ſine proviſoris conſenſu longius triduo, aut inconſulto Rectore ultra dies quindecim morator. Abſens qui fuerit, quoquo modo fuerit, portione ſua interea careto. Qui vero etiam menſe diutius abfuerit, nulla ejus rei poteſtate a Rectore & quatuor decanis impetrata, periculum amittendi ſtipendii ac loci ſui ſuſtineto.

Sermone inter ſe latino & pudico omnes utuntor. Blasphemiis, Execrationibus, omni præterea obſcoenitate tam rerum quam Verborum abſtinento. Qui contra fecerint, ordinarie quidem

Pran-

Prandio vel coena ejus diei privantor, si delictum gravius fuerit, pro facti conditione ac modo puniuntor.

Vestitu civili ac honesto omnes incedunto. Sagis, pileis & caligis stradioticis, hoc est contra quam studiosos ac literatos decet, dissectis, abbreviatis aut laciniosis nulli utuntor: neque gladios aut arma intra urbem militaria gestanto qui contra aliquid ausi fuerint, primo quidem Carcere, mox exclusione domus prohibentor.

Mulierem impudicam aut aliam quamcunque personam suspectam, intra contubernium nullus adducito, aut etiam secum habeto: neque foras cuique egredi, nisi ad loca honesta, licitum esto, vagantes in foro, aut inter hortos otiose sedentesve in ponte, aut ad pharmacapolia aut etiam in Tonstruis & Tabernis delitescentes, praesertim iis Temporibus & horis, quando in scholis

lis docetur aut disputatur. Aleam item Choreas aut gladiatorum ludos publicos sectantes primo quidem in triduum mensa privantor: postea carcere multantor. Quodsi peccare pergant, ultimo etiam domo excluduntor.

Neque Claves ad fores Contubernii aperiendas, præterquam tres Magistri Seniores iidemque præceptores, ulli habento; & cœteris, qui fores contubernii noctu clam, vel vi, vel quovis alio pacto aperient, aut aliquo exibunt — primo quidem, Carcere mox exclusione puniuntor.

Eodem modo & qui ex cœteris rebus ad domum eandem pertinentibus, aliquid amoverit, fregerit aut violaverit, principio quidem damnum datum; si id casu aliquo dederit, restituto, sin idem Studio malitioseve fecerit, Carcere quoque coercetor; aut si sæpius idem peccatum iteravit, a Contubernio & domo relegator.

Postremo

Poftremo pacifice modefteque inter se omnes degunto, nemo alterum dicto factove laedito; laefus, aut injuria aliqua adfectus ad præceptores deferto, a quibus, qui nocens inventus fuerit, pro facti qualitate & modo punitor, aut fi Caufa ipfa gravior fuerit, ad Provisorem, & deinceps, si neque hic suscipere solus voluerit, ad Rectorem & univerfitatem refertor.

Wegen der Eilfertigkeit, womit diese Schrift gedruckt worden, und wegen der Entfernung des Verfassers von dem Druckort, haben sich verschiedene Druckfehler eingeschlichen, die der geneigte Leser hiemit zu bemerken, gebetten wird.

Seite. Zeil.
12. 5. von unten statt Universität lies Universitäts-Akten.
15. 11. st. wär l. war.
— 3. von unten st. Whean l. *Wheari.*
17. 4. st. auch l. doch noch.
— 5. nach geringste l. ist,.
18. 5. nach widmete, l. um sie gehabt.
19. 6. st. ganz l. darüber.
— 19. st. Biograf. l. Biograph.
20. 2. st. hunc l. *tunc.*
21. 6. st. Vindano l. *Viridano.*
— 8. st. Vindanus l. *Viridanus.*
22. 7. st. also l. als.
— 14. st. Leiparzt l. Leibarzt.
24. 4. st. dem l. den.
25. 6. st. τυκμηϱιοις l. *τεκμηϱιοις.*
28. 2. st. Prorektor l. Promotor.
32. 11. st. andauern. l. bedauern.
34. 6. von unten st. Geglehusen l. Heylnhusen.
35. 11. st. 1779. l. 1773.
36. 2. von unten st. Nachruhm l. Nachsuchen.
37. 14. st. pr. 11. l. progr. 2.

Seite. Zeil.

42. 6. von unten statt 1686. ließ 1618.
46. 2. st. er l. Sie.
47. 2. st. es l. Sie.
58. 8. st. noch l. nach.
60. 9. st. aufgestellt l. aufstollet.
63. 10. st. neuen l. reinen.
64. 6. st. Rectoren l. Rectoraten.
66. 6. st. 8. l. Seit.
67. 6. von unten st. sie l. hier.
— 3. von unten st. ba, l. daß.
71. 10. st. gewesen l. gewesene.
— 2. von unten, vor gar seze ist.
76. 8. von unten st. vieles l. viele.
— 1. von unten, st. das, l. andre.
78. 3. st. Universität l. Universitäts=
79. 13. st. verfnegen l. verfügen.
94. 2. st. Schülern l. Schulen.
95. 13. st. seyn l. seye.
112. 2. von unten st. solvim l. solvirn.
135. 5. von unten, nach Verbindung l. mit der Universität.
136. 7. st. Bursch l. Burß.
137. 12. st. als l. auch.
138. 7. st. Medecin l. Medicin.
141. 16. in den Anmerk. st. Parnus l. Pareus.
142. 15. in der Anmerk. st. Ralario l. *Relatio*.
— 19. Ebendaselbst st. Syntagma historicum l. *Syntagm. histor.*
144. 18. Ebend. st. welches l. welche.
164. 10. st. aliena l. *alienas*.
170. 12. st. prohibentor l. *puniuntor*.

Kurze Erklärung und Beschreibung des
Kupfers der Stadt Heidelberg.

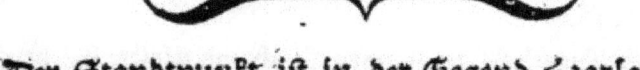

Der Standtpunkt ist in der Gegend Haarlaß auf dem Berg genommen worden.

Die Lage dieser Stadt ergiebt sich schon selbst aus gegenwärtigem Kupferstich, daß sie eine der schönsten ist; Ihre Länge besteht in 2760, und ihre Breite in 300. Schritt.

Vormals ware Heidelberg die eigentliche Hauptstadt der ganzen Pfalz bey Rhein, und fünf Jahrhunderte hindurch meistentheils die ordentliche Residenz ihrer Durchleuchtigsten Beherrscher.

Es finden sich darinnen folgende merkwürdige oder öffentliche Gebäude:

1) Das Churfürstliche Schloß, so itzo aus meistens alten aber prächtigen Ruinen bestehet. Es liegt dem Bleigewicht nach 300 Schuh höher als die Stadt. Im 30jährigen Kriege hat es durch verschiedene Belagerungen viel gelitten, die Franzosen aber haben selbiges in den beiden Jahren 1689. den 2ten März, und 1693. den 22sten May fast zum Steinhaufen gemacht, und was damal der Feinden Wuth noch entgangen, ist durch den Blitz, so derselbe auf Johanni den 24sten Junii 1764. Morgens um 3 Uhr getroffen, beinah vollends verzehret worden.

2) Die Kirche zum heil. Geist auf dem Marktplaz von Pfalzgraf und Römischen König Ruperto, im Jahr 1403. erbauet.

3) Die Carmeliter=Kirch. Im Jahr 1685. ließ Churfürst Friedr. Wilhelm den Grundstein hierzu legen. Hierinn haben die Pfalzgrafen am Rhein ihr Begräbniß.

4) Die Franziskaner=Kirch auf der Strase gegen das Karlsthor, 1331 wurde das Kloster und die Kirche zuerst erbauet. Churfürst Friedrich Victor oder der 1ste wurde 1496 dahin begraben, so auch unter andern Rudolph Agricola, der berühmte Gelehrte im Jahr 1485.

5) Die Französische Kirche im Münchhof.

6) Die Kirche und Kloster des erloschenen Jesuiter=Ordens.

7) Die schwarze Nonnen=Kirch und Kloster bei dem Paradeplatz.

8) Die Kapuziner=Kirche und Kloster in der Vorstadt.

9) Die St. Peterskirch oben an dem Paradeplatz, eine uralte und noch itzige Begräbnißkirche den Reformirten zugehörig.

10) Die Evangelisch. Lutherisch. Kirche in der Vorstadt, hierzu wurde von Churfürst Karl Ludwig den 18ten April 1659. mit eigener Hand der erste Grundstein geleget.

11) Die weisse Nonnen=Kirch und Kloster in der Plöck, in der Vorstadt.

12) Die Dominikaner=Kirch nicht weit von dem Mannheimer=Thor.

13) Die Kapelle bei dem kathol. Hospital in der Vorstadt bei St. Annen.

14) Das reformirte Hospital in der Plöck.

15) Das Evangel. Luther. Hospital in der Plöck.

16) Das Soldaten Lazareth bei dem Schloßberg.

17) Die Dechaney auf dem Mark neben dem Rathhaus.

18) Sechs reformirte Pfarrhäuser.

19) Zwei Lutherische Pfarrhäuser.

20) Drei katholische Schulhäuser.

21) Fünf reformirte und zwei lutherische Schulhäuser.

22) Eine Judenschule am Ende der grosen Mantelgaß.

23) Das Oberamthaus im Kaltenthal.

24) Das Rathhaus auf dem grosen Marktplatz.

25) Das Universitätshaus auf dem Paradeplatz, auf Joh. Baptist wurde 1712. der erste Stein zum Flügel gegen Abend, zu dem gegen Mittag aber im Jahr 1728. gelleget, und das ganze Gebäud 1731 vollendet.

26) Das alte Kirchenraths Canzleihaus im Münchhof ist im Jahr 1709. erbauet worden, das itzige befindet sich gegen den R. P. Franciscanis über.

27)) Das Ehegericht hat seinen Sitz in dem von Weilerischen Haus am Kornmark.

28) Die geistliche Administrations-Wohnung ist oben an dem Paradeplatz.

29) Die Wohnung des lutherischen Consistorii in der Schiffgaß in der Vorstadt.

30) Das Seminarium vor die kathol. studierende Jugend, ist hinter dem Jesuiten-Collegio ober dem Paradeplatz, das Schulhaus nicht weit davon; 1750 den 8ten Juni wurde der Grundstein hierzu geleget.

31) Das reformirte Gymnasiums Gebäude, ist im Münchhof.

32) Die Cameral hohe Schule, welche von Lautern hieher im Jahr 1784. verlegt worden, ware die Zitzfabrike bei dem Karls Thor.

33) Das Mannheimer Thor in der Vorstadt ist im Jahr 1750 erbauet worden, vorher war nicht weit davon das Speyrer Thor.

34) Das Schleßthor, hinten in der Plöck, bei dem Schützen Haus.

35) Das Klingenthor oben der St. Peterskirche.

36) Die unter der Direction des Hrn. geh. Rath Babo und vom Hofkammer-Bau-Inspektor Meyer seit dem Frühjahr 1786. neuerbaut werdente Neckarbrücke in der Stadt an der Steingaß, welche anstatt der im

Jahr 1784. den 27sten Febr. durch den Schreckenvollen Eisgang mit fortgerissenen kunstreichen hölzernen Brücke nun von Quatersteinen gebauet wird. Der Neckar ist daselbst 568 Schuh breit, und die Brücke hat 9 Oeffnungen oder Bogen. Eine ausführliche Beschreibung der alten Brücke, der Wasserhöhen, Verheerungen von Zeit zu Zeit, und der neuen steinernen Brücke, wird man in der nächst herauskommenden neuen Chronik von Heidelberg finden.

37) Das neue aber noch nicht ganz ausgebaute prächtige Karlsthor in der Stadt.

38) Die Fabriken, als Seidenfabrike, Wachs- und Unschlitt-Lichter, Tapeten von Papier, Savonerie, Puder und Stärk; Salzmagazin, Pulvermagazin.

39) Der Marstall, worinn die Universitäts Reitschul befindlich.

www.ingramcontent.com/pod-product-compliance
Lightning Source LLC
Chambersburg PA
CBHW031443160426
43195CB00010BB/830